目　录

CONTENTS

引　子

一九六七年的大年初七,二月十五日。北京。一间小四合院内。张恨水一个人在家。

刚过完年，街上仍然是一派辞旧迎新的气象。只是今年的新，却是格外的新，新到令人无所适从。爆竹是四旧自然不能放，就连相互拜年也战战兢兢，生怕被检举揭发。

北京过年的冷是滴水成冰的那种，人们没事不会出来受冻。家里人都不在，过节已经变成一个表象，传统的项目一扫而空。他坐在习惯的书桌前，却不知该写什么。很想说新年如此寂寞，儿女不在身边，却始终不敢说一年不如一年。

外界对于他的称呼，从心远兄到张恨水先生再到张老师张同志。他从乱世一路走来，保持生活平静还有一张安定的书桌，对于别人都是奢求。虽说虚岁七十三，是“阎王不请自己去”的年纪，但自己确实不想去。

还有很多东西要写，还有很多事没做。倒上一杯水，用力甩甩头。以前那种每天至少写五千字的日子，已经恍如隔世。

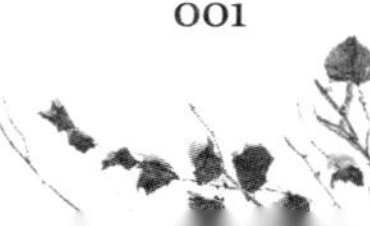

第一章

门外大街上走过喊口号的、送报纸的、打牛奶的各种嘈杂的声音，两只手按在桌子上，钢笔帽打开了，一个字没法写。忽然觉得原先写过的字都空无一物，不知道还有哪句话能留下来。就像原先自己写过的都是宿命，都是《啼笑因缘》那样的一场梦、一场空。

一生起起伏伏，早已经荣辱不惊，也许写这么多的东西，只是满足自己作为才子佳人的那场梦。然而却在这场梦当中，却是一醉就是七十多年，不知道后人将如何评说，至少自己不曾后悔过。

其实那三次婚姻张恨水只是在追求自己的那个梦，也许他亏欠了那三个女人，也许又确实彼此得到了很多。

坐在书桌前慢慢地闭上眼，想着这许多的人和事，最对不起的人，可能会第一个想起来，但是闭上眼，他们就都涌了上来，可能自己想做才子却在万花丛中迷了眼。

现在是一个全新的世界了，外面的人外面的事，都那么的新，然而自己却是个半新半旧的人物，永远拥抱新的东西，但是又放不下旧爱。说自己是优柔寡断也好，说自己是锐意求新也好，总之这一生随着自己的性子，就这么样活下来，也没有后悔药可吃。也许写小说的人，大都是性情中人吧。

外面有人敲门，大概是送报纸的，但是却没有精神去开门。头疼得不得了，他眼前一片漆黑，两只手想抓住头，但却抓不住，就好像头有千斤重，一低头头就会滚到地上去一样。门外敲门的声音逐渐远去，又有一个声音叫起来，还有人在外面起哄。不知道这些人要干什么？难道这些人不知道已经解放十几年了，一切都是新的了么？

好像是一间特别老的房子，门楣窗棂上还贴着过去的对联窗花，窗棂上还镂空的木雕，雕的花都已经透出油光。噢，是了，这就是家里祖上的老房子吧。那些半大脚的仆妇们忙不迭地走来走去，好像是张家了不起的公子“洗三”的这一天，家里来人拜喜的送礼的络绎不绝。

不知道是为了图喜庆，还是驱鬼神，屁股被大葱打了三下。收生姥姥已经坐在正席上刚吃过饭，剩下的收生面已经招待给了亲戚好友。正对着香案的是一个热气腾腾的铜盆，以及痛哭的自己。

对面有香炉，有蜡烛，由于自己家好歹也是吃过朝廷俸禄，所以香炉里供的是五谷。侧面母亲的卧室也供着炕公炕母，都摆着满满当当的“桂花糕”和“糖烧饼”。自己为什么没有抓一块呢，到现在也没有想起来，可能那个时候的注意力都集中在冒着热气的铜盆上。

收生姥姥把自己拿大红缎子包了包，扯着下人的嗓子喊“吉时到了，添盆——”。一大队伍人带头，往盆里添一小勺清水，那个叫祖父的人高兴得花白胡子都颤抖了。旁边还有一个茶盘，那些穿长袍大褂叔叔婶婶把银票放进茶盘里，还有父亲的友人们也都把银票放在茶盘里。花白胡子一颤一颤的祖父，像下饺子一样，把金银锞子和铜圆，还有长命锁和手镯子放在铜盆里，收生姥姥忙不迭地喊着“长流水，聪明伶俐”。奶奶放进来红枣花生桂圆栗子荔枝，收生姥姥又不迭地喊“早儿立子，连生贵子，连中三元”。

大家行礼如仪后各自落座，收生姥姥便拿起棒槌往盆里搅和，一边搅和一边说：“一搅两搅连三搅，哥哥领着弟弟跑，七十儿八十儿、歪毛儿淘气儿，稀里呼噜都来了。”然后把孩子解开大红缎子，抱到盆里浇水，他觉得身上起了个寒噤，一勺清水浇到了屁股上，不禁咧开嘴哇哇抗议起来。日后是每天能写几千字的作

民间“洗三”习俗

家，那个时候却一个字也说不出来，他只想说“水凉”，不知道有什么方法可以抗议。他的哭声对于这个世界来说如此微弱，对于如此抗议，反引得大家一阵狂喜。

周围又响起一阵贺喜道好的声音，纷纷向父亲和祖父作揖，“响盆了响盆了，大吉大利啊。”收生姥姥念叨个没完没了，又往头上浇了一勺凉水，念叨着：“先洗头，作王侯；后洗腰，一辈到比一辈高；洗洗蛋，做知县；洗洗沟，做知州！”大家哄堂大笑，自己哇哇大哭着无所适从。

没想到紧跟着还有。下面是一个艾叶球，点着了，冒着一缕青烟逼了过来，还有一片辣辣的老姜拍在了自己的脑门上。那团冒烟的东西，在脑门上烧了很久才拿走，全不管自己已哭得昏天黑地。这是一场旧时代的狂欢吧。

的确是狂欢，他们还没完，本来没有几根头发，居然还要拿梳子来梳头，收生姥姥一定可以去当说书的先生了。她还在说：“三梳子，两拢子，长大戴个红顶子；左描眉，右打鬓，找个媳妇准四趁；刷刷牙，漱漱口，跟人说话免丢丑。”

还以为完事了，没想到她又剥了个熟鸡蛋，滚烫的鸡蛋白滚在自己脸上，高声说：“鸡蛋滚滚脸，脸似鸡蛋皮，柳红似白的，真正是爱人儿。”孩子的哭声已经震天响了，但周围的人说因为哭得响，是可喜可贺之事。折腾够了之后，终于把自己从盆里捞出来，捆在蜡烛包里，可怕的是拿了一根大葱，在身上抽了三下，又说口诀：“一打聪明，二打伶俐。”

收生姥姥扁扁的脸颊已经冒出了汗，在今天她和孩子都是主角。在这个家庭，孙子的出现是意味深重的，大人已经提前预想到了光宗耀祖。这时，收生姥姥叫一位下人把大葱扔到房顶上，

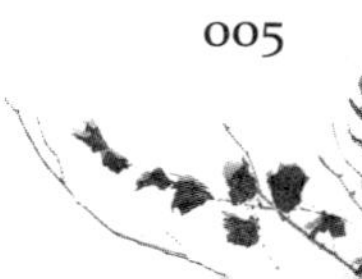

在座亲朋一起高呼，不知道是道贺还是起哄：“聪明绝顶！”

被捆在小被子里，本来想闭上眼睛睡觉，但他们实在太吵了，透过模模糊糊的眼泪看过去，怎么又是大人们把红纸包着的秤砣和锁头拿了起来。收生姥姥接过秤砣，在自己身上比画了一通，幸好没有砸下来，说“秤砣虽小压千斤”，全然不顾自己愈演愈烈的哭声。好不容易放下秤砣，又拿起锁头，在身上比画了好多下，说：“长大了头紧脚紧手紧”，自己如果记得此时发生的一切，将来一定什么都不敢做了。

又是一个茶盘，托着红缎子被送过来，自己被放到了茶盘里，几个姑姑婶婶黑压压的涌上来，把金银锞子硬邦邦的往自己怀里揣，往抱被里塞。银锁头揣到自己身上，冰冰凉硬邦邦的，自己就大哭起来，于是亲朋好友又是一番高兴大笑。收生姥姥还要念歌谣：“左掖银右掖金，花不了赏下人。”

不知道是不是自己的到来一定得如此痛苦，但亲朋好友表现得那么欢乐，自己那时仅有的互动只是能多哭几声。收生姥姥这时拿了一面镜子，从后面照自己的小屁股，说：“用宝镜，照照腚，白天拉屎黑下净。”他不理解是什么意思，只知道自己管不了什么时候吃喝拉撒。但是哭声照他们听来，也许只是对这个人世间的报到，他们听不出来自己的哭声是多么的微弱无力的抗议和困惑。

被不认识的老太太抱来抱去，想睡觉又睡不成，用凉水浇自己的脑袋和屁股，还被辣辣的大葱抽，用艾条烟熏火燎，最后自己无奈的大哭还被他们认为是大喜。这人世间从一开始就充满了困惑。这时，收生姥姥拿着烘笼儿把几朵纸剪的石榴花放进去，塞了塞，念念有词：“茉莉花、桃杏、玫瑰、晚香玉、花癍、痘症稀稀拉拉儿的……”

然后就洗差不多了，地上站着下人们，还有本家的亲戚孩子们，都分到了红蛋。房间里弥漫着熏人的熏香和蜡烛味，满头大汗的收生姥姥把娘娘码儿、敬神的钱粮、连同香根一同请下来，送到院中焚化。望着腾空而起的黑烟，收生姥姥用铜筷子夹着的炕公炕母神码扔到火盆里，高声念：“炕公炕母本姓李，大人孩子交给你；多送男，少送女。……”大家又是一片磕头道好的声音。待火渐渐熄灭，她又把冷却的纸灰用红纸包起来，恭恭敬敬、颤颤巍巍的压在炕席底下，让炕公炕母守在炕头保佑大人孩子平平安安。至此，又一次颠着小脚向本家不断道喜。

张家祖上吃过俸禄，绝不会吝惜这几个喜钱，此次又是诞生一位寄于众望的孙子，不说今后经天纬地匡扶国政，也希望他成为方圆附近有头有脸之人，全不管这次恰逢甲午战败，全国课税增加，为了迎接新孙子，家里红鞭炮的纸屑都把脚底儿都淹没了。

母亲坐在床上，也表现得非常欢喜，而父亲肩负着向所有亲友寒暄致谢的重任，根本没有进屋来问候一下初来乍到人世的儿子。大家都那么开心，好像这个世上应该就是这样，其实这根本就是个错觉。

有那么一阵子，他都快信以为真了，就像他们在封建家庭里被放大的男孩子的作用，险些认为自己有时候无所不能。大人们终于喧闹够了，屋里的一切喜庆用品包括香炉里的五谷和供尖儿，都赏给了收生姥姥，更别说那些染得通红的鸡蛋。

对于平常人家来说，给这样的公子洗一次三，够他们半年的生活费，人世间的不公，从一开始就贯穿始终，可是自己却傻傻地以为那一开始就是天经地义的。收生姥姥千恩万谢离去的身影，

两只小脚上下翻飞的如此欢快。

在人生的后来几十年里，他一直在想，好多人就算是葬礼，都不见得能如此铺张。自己当时作为黄口小儿，又何德何能。

现在这个社会这么新，一切旧的东西都被打倒、抛弃，踩在脚下。“洗三”这样的仪式，已经消失。人生开始有“洗三”，落幕时有“接三”。在一切旧习俗都不存在的现在，自己身后估计也没有人操办这样的事情了。

自己记得，过去“接三”的时候，是要糊车马箱子、奏吹鼓乐、迎亲朋吊唁，视为丧礼大典。现在也是奢望，按佛道两教的说法，只有善人才有如此的收因结果。不管是谁，都有让自己死去的亲人升天成为正果或托生于善地的愿望，但不是所有人终其一生的行为都是尽善尽美的。这样就需要在他死后，第三天灵魂正式到阴间去的时候为死者延请僧众，诵经拜忏，放焰口（烟火），向十方法界无祀孤魂施食，替亡人广行功德，以资赎罪，让阿弥陀佛迎接亡灵上升到西方极乐世界去，谓之“接三”。

第二章

人生若只如初见，情愿只记得那些欢乐，或者一厢情愿的认为自己应该是欢乐的。但是活得实在瞻前顾后，所以也就越发痛苦。但自己留下三千多万字，让里面的那些人替自己欢乐，替自己痛苦，也就可以说自己永远是欢乐的了。

昨天晚上，儿子张伍在十二点从东屋到北屋来看他，看他还在看书，看的是《四部备要》。书还放在床边，儿子跟他说早点休息，“明天带你看病”。恍惚间他点点头，并没说话。张伍帮他把灯关了，

恍惚之间，好像有敲门声和跑来跑去的声音，有人喊“老爷子是不是又中风了？”，然后有电话声，好像又有救护车的声音。恍惚之间又有人说“毛主席教导我们说，为了革命，救死扶伤……”

一切归于黑暗。

久违的感觉，像骑在马上，可能不是真的马，是祖父宽大的

脊背，喊打喊杀、习武。在上学之前，他就开始认字。入蒙学之前，也在家读些杂书，虽然家长给他起名唤作芳松，字心远，但在求知的过程中，一直不知道自己的心有多远。《三字经》《百家姓》《千字文》，乃至四书五经，他都背得很好，也开始学做八股文。

闲着没事的时候，祖父也给他制作了竹制刀剑，只因为他的一句“愿学祖父跨高马配长剑”，让他骑在山羊上，在院子里随便玩。不顾下人们和母亲的惊呼，往来奔驰着。也许从这时候开始，在他心里就埋藏下了向往武侠和战争的种子。

作为长孙，祖父对他寄予的期望非常高，但在那个乱世，有的时候并不是把书读好就能出人头地的。尽管家里还有了其他孩子，但他始终是最受期待的，是祖父最用心栽培的那一个。

祖父是行伍出身，自幼炼得一身很好的武艺，在朝廷立下军功，做到了参将和协镇，驻防江西广信，父亲也武功过人，在军营中襄理军务。也正因为如此，祖父要求孙子文武双全。此时的张恨水还叫作张心远，已经养成了急功好义仗义执言的品性。

但好景不长，六岁那年祖父病故，从那以后父亲的驻军就在各个营地之间驻防，他也就随同父亲在不同的地方开始生活。也学会了好几种方言，但是也不停地转学，多亏了父亲抓紧，他又喜欢读书，功课才没有落下。晚清时局动荡，各地风云突变，帝国大厦已是岌岌可危，日薄西山。学生们不再单纯的读以前的四书五经，八股也不再是唯一的进身之道，年轻学子想要混得有头有脸，一般都是学习新学，进入新学堂，学习西文、西洋机械、乃至于格致、律政医学，甚至农业者。

光绪三十三年，受此影响，张心远被父亲送入景德镇一思想

清末新式学堂

开通的先生馆内学习。开明的先生对其影响甚大，并不拘泥于八股之流，使年轻的心远课余遍览小说，涉猎较广，渐渐学会了一些作文的方法。在那个时候他就爱读很多小说、历史书籍，比如《残唐演义》《三国演义》等。是年冬天，又随父亲回到南昌，第二年他仍在攻读古文，不仅延读原文，还读批注，对于小说，不仅看内容，还看书评。同年，他开始练习写第一部武侠小说。

时值变法维新之后，西风东渐，“师夷长技以自强”之说兴盛。在景德镇上私塾的时候，他就已经不只读先生教的教科书，还涉猎了不少他接触得到的文学作品，好学的他不仅丰富了文学知识，也学到了后来用得到的很多写作方法。

宣统元年（1909 年），父亲开始自立家馆，教育子女。请来姓徐的一位先生，徐先生世为布衣，不应科举，恬淡宁静。这位师长对于心远的人生观有着很大的影响，后来他不接受军阀政府的聘任，可能都和这段早年教育有很大关系。

这年秋，他进入大同小学三年级插班读书，接受新式教育，对他思想触动很大。宣统二年（1910 年）七月，又入甲种家业学校就读。读惯了八股文的他首次接触数理化等新式课程，受到很大挫折，但他还是爱读古典文学、小说，并且开始接触西洋翻译小说，学习西洋小说的心理描写方法，同时又没有放弃对古典文学、小品的追求。

因为多读了几本书，少年张恨水在乡间被人称作“少年神童”，他也以“新青年”自诩。由于住在学校，并不是每天回家，通常只能拿换洗衣服和过节时才回家探亲。于是刚回家的那个晚上，他是听着隔壁母亲的哭声，跪在院子里面对着祠堂和先人的牌位，听着父亲的骂声度过的。

父亲比谁都看重他，当然也比谁都生气，他作为长孙被寄予厚望，现在却把辫子剪了，做出一副不忠不孝的样子。而那时少年的心理，却一直觉得对国家若要有新的希望，就要舍弃那些旧的东西。变法尚且流血牺牲，剪掉辫子算不了什么。

虽然后来官府也有来乡里查剪了辫子的，父亲和家人总是打马虎眼几次帮他掩护过去。不管怎么样，父亲和周围的环境对他还是相对宽松和开明，在大的变革的时代，帝国大厦的倾颓，使许多有志青年认定，出国留学才是匡扶国政、振兴中华，进而实现人生价值的唯一出路。

时下一般公认留学首推欧美，然而，张恨水的父亲由于一时无法筹措充足的经费供他留学，所以倾向于先去日本。但张恨水认为日本是“再传”，要学第一手的西学就要去欧美，张父就建议再等待一段时间，待经费充足再说留学的事。于是，留学的事就暂时搁置下来，张恨水决定在家乡等待出国留学机会的同时，一边继续自学。

不料造化弄人，一九一二年秋天，张父得急病去世，张恨水只得放弃出国留学的计划，从懵懂少年一下子变成挑起全家大梁的汉子。由于家里失去了经济来源，张恨水只得和母亲带着弟弟妹妹全家回原籍安徽潜山，靠几亩薄田勉强度日。这一年他只有十七岁。

但是，他确是如他的本名心远一样，有一颗不甘淡泊的心。家乡的小天地不能满足他求知的欲望，他终于还是在 1913 年春天，应堂兄张东野的邀请去上海闯荡，后来便考入苏州孙中山创办的蒙藏垦殖学校。

但他始终最爱好的是文学，坚持练笔，在校期间投稿给《小说月报》，有短篇小说《旧新娘》《梅花劫》。虽然被退稿，由于该刊主编友善的赞许——一张小纸条写着“稿子很好，意思尤可钦佩，容缓选载”，给了他写作的信心。那个时候，他还没用“恨水”

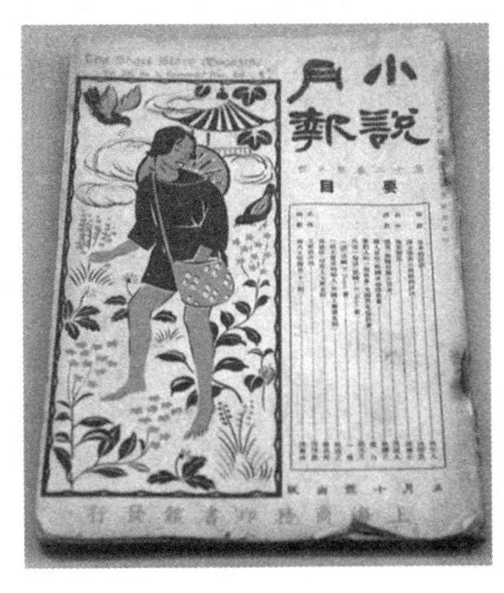

《小说月报》

的笔名投稿，小说最终没被刊登，原先的笔名“愁花恨水生”也因此成为了张恨水写作生涯里的一个记忆点。。

《小说月报》的主编恽铁樵给张恨水的虽是退稿信，却是一种鼓励，对于真正有激情的人来说，一点挫折反而使他越挫越勇。逆境并没有使张恨水消沉，却更加促使他看到了自己的发展方向。

他喜欢章回体小说，钟情于古典文学，后来沿用了一生的“恨水”这个笔名，便是来自南唐李后主李煜的《乌夜啼》里的“自是人生长恨水长东”，寓意青春无常年华似水。他不甘沉沦，不能让青春白白流逝。

求学的道路不可能一帆风顺，虽然封建王朝被推翻，人民却没有过上幸福生活。是年九月，“二次革命”失败了，学校被解散，他被迫失学，再次返回故乡。那年十八岁，在当时的社会已算是大龄青年了，虽然他本人一心想继续学业和文学创作，但在父亲临终病榻前的誓言时刻提醒着他，作为家中长子应尽的责任，孝顺的张恨水不得不暂时放弃追求新式生活的奢望，一头扑在教养弟妹孝敬母亲的农桑生活当中。

第三章

母亲中年守寡，年幼的弟妹们还尚在襁褓之中嗷嗷待哺，母亲肩上的担子非常沉重，使有意为他寻找一门亲事，以便早立门户。张恨水对于封建婚姻并不热心，但生性孝顺，只能听任摆布。

身为家中长子，如果没有成家，弟弟妹妹也不能成家。这是当地风俗，任凭张恨水喜欢才子佳人的生活情调，平素心高气傲，但也只好遵从母亲的意愿去相亲。对方姓徐，门当户对，也是出身于小官宦家庭，媒婆那天约好了和母亲一起去女方所在的徐家牌楼地方看戏。

让我们的日历往回看一天。

那是一九一三年秋天的一个下午，皖北潜山，一位身穿青色褂子的三十多岁的妇人，颠着小脚，进了黄岭村的“老三房”家的堂屋。张母很热情的迎接客人，忙不迭地上茶敬烟，原来这位妇人是附近有名的媒婆。媒人几乎是手舞足蹈地告诉张母：“信兰嫂子，我给你家留心了一门好亲事。前些天你提过的大小子的亲

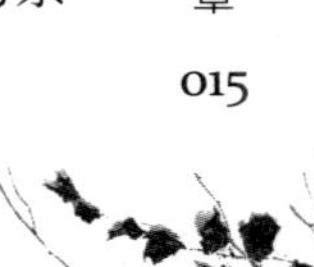

事，有一家合适的，姑娘家祖上出过做官的，跟府上是绝对配得起的。现如今家庭虽差些，不过姑娘人才是极好的。”张母便问：“她家现在是做什么的？”媒人说：“她爹无意于仕途，现给人就馆，自然学问家风都是极好的。”张母十分欢喜，便又问：“那姑娘模样如何？”媒婆说：“听说模样挺周正的。明天徐家牌楼唱大戏，请嫂子和我去见上一面，自己瞧瞧。”张母欢喜地答应了，媒婆接着又说：“我有个娘家亲戚和她家认识，请她指给嫂子看看。”

张母自然千恩万谢，送走了眉开眼笑欢欣鼓舞的媒婆，来到书房与儿子商议。平日里郁郁寡欢的她，今天的脚步如一只青色的蝴蝶，然而掩卷长叹的张恨水根本不愿从求学梦中醒来，他认为在家蛰伏，仅仅是自己飞黄腾达路上的一次短暂休眠。

娶一个村姑？不！我要按自己的方法来活着，谁都不要拦着我。现在是新世纪，新的时代，什么都那么新，为什么我要守旧？就因为他是家中长子，就因为在父亲临终病榻前立过遗言，就因为自己读过那么多圣贤书。面对寡母慈祥的面容和决堤的眼泪，只能把遗憾、不满深深地埋在心底。

第二天，虽然戏台上的情节是如此的欢快，他却觉得自己是被押赴刑场，台上演的什么完全不记得，只知道台下主要的包座里边那些花红柳绿的姑娘远远看去也不是很清楚。他忐忑地想，不知道为人又能怎么样……母亲在一边坐着，等着本家亲戚来。他的眼睛一会儿看天，一会儿看地，一会儿留神自己的新布鞋，等得茶水都凉了，媒人的亲戚终于像个陀螺一样的转了过来，拉着母亲的手，寒暄了几句以后，指着斜对面说：“张家嫂子，大侄子，抬眼看看，左边第三位姑娘就是。”

对面离这有几十米远，的确坐着好几位姑娘。他稍微费了点劲，和母亲一起数到第三位姑娘，还的确是眉清目秀，身材也小巧玲珑。母亲马上一把攥住自己的水烟袋说："行！"他想到了"红袖添香夜读书"，于是脸红到了头发梢。如此这般，张徐两家便迅速定下了亲事。

老家那一带深受徽州风俗文化的影响，婚俗有着众多的繁文缛节，下定的规矩除了衣服首饰，还要有至少一百〇八块银圆作聘礼。张母竭尽全力备下红帖也就是鸳鸯礼书，托人送去女方家下定，女方家收到后，由家长又从鸳鸯礼书的内页写下女方的生辰八字，然后在封面上写下"亲允大吉"，再送回男方家视为"批书"。

张徐两家订婚后，紧锣密鼓地开始办婚事。因为两家也算有头有脸，在各项礼仪上自然不甘过于寒酸。比如发"新娘果子"这个程序，就使张家弟弟妹妹欢天喜地，翘首期盼。经过了一系列三媒六礼，终于礼成。由于徽州一带素来十分注重礼教，礼数繁琐，到了结婚正日这一天，两家人已是忙得不可开交。

张母虽说独立操办，忙不胜忙，但长子成婚已是令她喜不自胜，不辞劳苦，事事亲力亲为。在喜糖喜果上，她亲自置办，挑市面上最好的，她严密地看管着灶王爷的神龛，时刻监督着家里的孩子不许打破碗碟。在集市上，带着仆妇，亲自采办了成筐成斗的红枣花生板栗桂圆芝麻糖等等。尤其是那与众不同的桂圆：将桂圆开一个小口子，取出核后，往里面再添满桂圆肉干，然后拿金色的纸封口，并贴上红十字，属于"新娘果子"喜糖中最有分量的一款，叫"桂圆龛"。市面上很昂贵，张家这次不惜成本，亲戚家的小孩子全都奔着"桂圆龛"来了。

在张恨水的心目中，这些都是封建礼教，都是他不得不接受的封建枷锁。但想到娇美清秀的新娘，和以后可能拥有的锦绣人生，他又充满了朦胧甜美的憧憬。他忙着里里外外的给亲来道贺的亲友敬烟敬茶，尽管胸前披着的大红花有的时候有些碍事，他也乐呵呵的接受着人们的道贺，什么“加子加孙”“成家立业”。

弟弟妹妹们每吃到一些糖果，就要喧闹的说出一些贺词，比如瓜子是“加子”，花生是“加生”。母亲脸上早就笑开花了，可是他觉得自己是民国的新青年，本来应该志在四海的大丈夫，这么早就陷入儿女情长，今后若不能琴瑟相和，成为一段佳话，那自己就实在太心有不甘了。

大家已经欢天喜地闹了一个早上，鼓乐声越来越近，花轿就要到了，有很多人拍着手喊“新娘子要来了”，屋里更添了一层热闹，又是震耳欲聋的喜炮声，又是小孩子抢糖的声音。本来已经收够了开门红包的利事人继续起哄：“花轿不能落地，新郎官要把新娘背进去……”他在一众弟兄、好事族人的起哄下，头昏脑涨地被大家簇拥到门外。

幸好这时利事人解围道：“准备好了要踩匾的！莫背了。”因为，花轿门前折仪式也相当繁琐，到达男家后应该停放在厅堂中央的一个蚕匾上。由于大家图热闹，迎亲时利事人们就把蚕匾放在了张家院门口，这个寓意是喜气不流失。但大家的注意力还都在没完没了的仪式上，张恨水出出进进，忙得满头是汗，别人叫他做什么他便做什么。他觉得自己像木偶傀儡一样，既然都是民国了，竟还举行这样的婚礼，如果不是为了九泉之下的父亲和守寡的母亲，自己是断不会如此。只希望今后夫妻相敬如宾，想到这里心里也就平衡些，毕竟那天他和母亲一起看中了人家。

这时，利事人们高喊着要进行进门吃茶的仪式。一位是婆家聘请的女利事人，手拿红纸包着的秤杆，带领两个穿红的小童女，走到花轿前，轻轻掀开轿帘，将新娘头上的大红方巾挑开一角，边挑边唱："秤杆花啰啰，挑去方巾好做婆；秤杆圆噜噜，挑去方巾就建屋。"这时候身边有喜娘用红漆雕花的托盘送上三盏茶，由女利事人侍候新娘抿上一小口。因为是方巾挑开一小角，隔着那么远，张恨水依然看不到新娘子大致的样子，只看到新娘子衣领子下面沉甸甸的项圈，还有新娘长长的红指甲。

第一道清茶被送到新娘嘴边的时候，女利事人口中唱道："吃了清茶清吉吉。"放下茶盏，又拿起第二道送到新娘嘴边，这不是茶了，是枣和栗子煮的羹。新娘刚送到唇边，女利事人就扯着嗓子喊："吃了甜茶甜蜜蜜。"随后的第三道是"元宝茶"，其实是茶叶蛋汤，这也象征着招财进宝。女利事人带着两个小童一起唱道："吃了元宝茶，金银财宝滚进来。"

满地人都伸着脖子看，等新娘子第三个茶碗刚放下，女利事人才真正的搀着新娘迈出轿门。轿前还放着一只竹吊箩筐，里边放有少量五谷，女利事人示意新娘轻轻地提一提箩筐，随后递上秤杆请新娘作势称一称吊箩，同时嘴里还唱道："称一称，上千斤；掼一掼，长一万。"这又是寓意夫家五谷丰登。至此，花轿前的仪式才算告一段落。

可婚礼还没完，利事人们高喊"请新娘传代"，这传代仪式是进洞房之前的必要步骤，这时候轮到男利事人出场了。只见他带领助手将新娘嫁妆中的两只青色麻布袋取出，铺在新娘子脚下的地上，让新娘脚踏布袋一步一步走向新房。第一只布袋踏过后，新娘一跨上第二只布袋，利事人的助手马上将第一只布袋捡起来

传递于前方，与第二只连接，以此类推，确保新娘不能踩到空地上。与此同时，男利事人嘴上不停地唱着：“传代，传代，一代传一代，代代传；传代，传代，一代高一代，代代高。”反反复复唱了好多遍，直到新娘走到新房的床前，仪式才告一段落，那踩了很多脚印的布袋子才算完成使命。

此后女利事人又要带着女童们和本家婆姨们帮新娘更衣等，准备拜天地。布置成一片大红的喜堂上，有着父母的座位，但是只有母亲一个人坐着。新娘入洞房稍事休息后出来行拜堂礼，张家的家长在上座，喜笑颜开地看着利事人引领新郎新娘一拜天地二拜父母夫妻对拜。之后，用乡里最热闹的调笑和最大的嗓门“送入洞房”。

张恨水为人爱面子又腼腆，他并不太欢迎别人听房，新娘子由喜娘搀扶到洞房后，张恨水在酒宴上敬了一圈酒，便回洞房了。有些叔伯趁着酒劲，在他耳边教导。言犹在耳，他却没想那么多，只觉得新娘第一次到自己家来，今天也这么辛苦，明天还要拜各房亲戚，过几天又要回门，晕头涨脑的他只是想好好休息一下，才能把这些流于形式的幸福真正吃透。

利事人提醒他该揭盖头了。这时交杯酒送了进来。合卺酒这个仪式，是要婆家的亲戚里儿女双全福气好的中年妇女主持，喝交杯酒前，要先给坐在床前的新郎新娘喂几颗酒酿的小汤圆，斟上两盅花雕酒，请新郎新娘分别各饮一口。张恨水一下子喝掉了一半，对面的新娘好像只是碰了一下，喜娘再把这两盅酒混合，倒在一起又重新分为两盅，取你中有我我中有你之意，又重新分给两位新人请他们喝下。这时新娘喝了一大口，辣得往后缩了脖子，张恨水则是直接来了个底朝天。

又重新坐下来，女童们向外面大把大把的撒新娘果子，弟弟妹妹们和本家亲戚的孩子们都在地上抢成一团。喜娘赶紧把他们都轰走，用手在背后捅捅张恨水说："新官人，可以掀盖头了。"张恨水已经有点醉意，他吃力地看了一上利事人和女童们，那婆姨一笑说："九十九拜都拜了，就差这一步了！"

张恨水大着胆子，拿着秤杆轻轻地从下到上，完全挑开了新娘的红盖头。面前是低垂的颤巍巍的凤冠，他看不清脸，只看见新娘的低垂的后脖颈处没绞干净的汗毛又黑又粗，发际线和扑粉的白色之间有一条整齐的界线，那里面露出黑黄的本色。张恨水心里咯噔了一下，难道那天看戏她还抹了粉吗？今天竟这样黑。

先带着三分的不满，坐在新娘对面，这时新娘非常害羞地把脸转了过来。张恨水手里的秤杆"咣当"一声掉在地上。

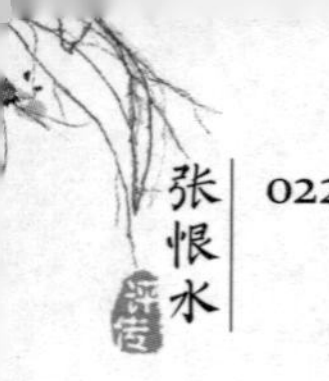

第四章

忙碌的村子。原本准备闹洞房的亲友们乱作一团，因为新郎官失踪了。大家有的说“报官吧”，有的说“使不得”，张母已经气晕过去。大家乱哄哄的灌凉水的灌凉水，掐人中的掐人中，新娘子本是嚎啕大哭，但见婆婆晕倒又只得收住哭声，含泪忍气和大家一起照顾婆婆。

山上出去寻找的人，喊声火把来回乱转此起彼伏，有好事者早已把这场变故称为“洞房变脸”，添油加醋的，消息迅速发酵，叹息者有之，幸灾乐祸者也有之。

“听说大胞衣娶媳妇儿，半截就甩手出门跑啦……”“哈哈哈，谁知道是怎么回事呢？”“唉，你可不知道，听说那女的是被调包啦。”“有这事？”“是啊，说下的姓徐家的，结果送来的是多少年嫁不出去的老丑姑娘。”“那天听说去戏台相亲，指的是谁啊？”“他表妹呗。”“呀，真缺德，那做媒的也真是要下地狱呀，也不怕现世现报。”“那他给吓得跑了，不会是那个吧……”“什么都没干，新娘子光在那儿哭。”“那也不能把人送回家去呀。”“女人呀，关了灯都一样。那么好看的放家里也不放心，俗语说得好‘丑媳家中宝’嘛。”有人说：“不管怎么说，也是明媒正娶娶进来的，张家是有脸面的，也不能丢了她不管呀。”另外一个人说：“不是自己看上的，心远表哥也一定咽不下这口气。”又有一个人说：“俗话说得好，‘好汉无好妻，赖汉抱花枝’。就算人丑，将来还可以再娶小的嘛。”这时候又有人说：“你不打听打听，外边早就是民国了，娶小不作得数的……”“他一向心气高傲，谁知道跑哪去了。要是再跑到省外不回来，新嫂子不就守活寡了吗？……”

闹哄哄的，亲戚们你一言我一语正议论纷纷，洞房内像个木雕一样直僵僵坐着的新娘早已哭哑了喉咙。白天落轿进门时的那点柔情和期待，已经烟消云散，她使劲攥着手绢，一个劲儿地在心里想，为什么自己是女子就要听你摆布？为什么自己的终身大事要听你们像谈生意一样，长得丑是没办法，但自己也是清白人家的姑娘，凭什么这么受欺负？自己可是喝了交杯酒拜堂进来的，进了你家的门，就是你的嫡妻，甩手一走算怎么回事？自己以后怎么做人？可恨娘家的人全和他们串通好了，把自己当个累赘好不容易脱手，求娘家人是没什么指望了。新娘咬着牙暗暗下定决心：我非要识字不可，我非要喝上墨水，我要告你！就算全城没有一个讼师肯接我的状子，我自己也要把你告倒！

……

好像穿过了一条长长的山谷，前面似乎有光亮，也不知道

自己是去哪儿。有人在叫自己吗？不理他们，他们都是骗子！利用我对父母的孝心，合伙骗我，封建婚姻真是枷锁，这样捆绑起来有什么用！就算我是长男，肩负着先父的嘱托，但也不能像拉牲口配种一样，将两个人用欺骗的手段诓骗到一起过日子呀！

这媒人真是黑了良心，为了骗两家的礼金，塞给我没人要的丑八怪，这完全就是个骗局。自己本来就是为了不让母亲伤心，才答应这么早成亲，大丈夫志在四方，不能让这些家庭琐事捆住手脚！这场婚事不能算数！

张恨水自己也知道，此时已是中华民国，不可能休妻。他决定用文明手段，到县里离婚，至于离婚之后女方怎么样，他有意识的回避，不去多想。只是无数遍的说服自己，我不知情，我是被骗了，我们张家都被骗了。但他生性善良，觉得对方的丑姑娘也没什么错，被卷进这场骗局的婚姻，自己也应该给她一些补偿吧。

也许是山里的风太冷，他打了个寒颤。想到新娘子微微抬头与他四目相对，对他微笑的时候，他把失望和震惊全都写在了脸上，气急败坏地跺着脚问："你是谁？"她说："这没办法，是他们硬叫我去的，那天指给你和婆婆看的是我表妹。舅妈她们都说，不这样我嫁不掉，我什么都会干，我会好好侍候你，好好侍候妈。"

山外的云已经被阳光镶上了金边，自己的衣服也被露水浸湿，有那边闪过的光，是火把，还有老乡们抽的旱烟味。他下意识地站起来，那边有人高兴地大喊："看见心远哥了。"大家高兴地围上来，纷纷说："丑妻可是家中宝，丑点怕什么！”“你家也需要个人帮着操持家务，照顾母亲。”“就是啊，这样你在外头做事也放心啊。别看她长那样，她家可是不愁吃不愁穿的，最起码她不会给你惹事啊。”“总之先回去吧，这么着不是个事。你说你半夜跑出来，把人家撂在新房里怎么着啊？”“就是就是，你说你一个大老爷们，跑到山上是要整哪出啊。我们还以为你掉下去叫狼吃了呢。”“谁说不是呢，你说你都跑到峡嘴子边上了，这要是有个好歹，你妈怎么办？”“张表哥，你不是真的想不开了吧？”

张根水不敢抬头，他的嘴颤抖着，“我……我只是喝多了点酒，想出来走一走……她不是说下的那个人，媒人把我们全家都骗了！现在看来，她们不调包也不行，徐大毛根本是嫁不出去啊……！”

亲友劝道 :“到底她可是你明媒正娶拜过堂的，无论如何咱们先回去，当着两家人的面说清楚。”

快要被亲友们的唾沫淹没的张根水长叹一声，站起声来，跟着熄灭了的火把和沉重的心情，老大不情愿的回到家里，此时已是日上三竿。

母亲抽泣着，上气不接下气的数落着，“你是老大，你爸没了，弟妹又都小；你也这么小的小时候我天天抱着你，纳鞋底时听你背书，针扎到哪一行字你就能背出哪一行。我守寡没什么，我就希望能看到你成家立业。这次是人家做了个局，把咱张家骗了，但是，你就当为了妈，认了这个媳妇吧。妈知道你心里不甘，但是你想想，这已经喝了交杯酒，怎么能把人送回门呢？叫别人怎么看咱家？从今往后，只要你认下这门亲，有你看上的姑娘，你要收成偏房，都随你。但大毛不能走，她是你的正房，妈已经

认这个媳妇了！再说了，你也老大不小了，你要是不成亲，下面的弟弟妹妹就没法说亲，妈指还望你呢。”说到这，母亲已是泣不成声。

张恨水此刻也是心如刀绞，进退两难。作为长子，在父亲临终病榻前立下誓言，要赡养母亲抚养弟妹顶门立户，但这一切难道是要牺牲自己的婚姻幸福来实现吗？老天让自己作为家中的长子，难道是为了给自己肩上加以如此负担和重担吗？“长子”这个身份只是一个象征，为了这两个字，他还要付出多少？辍学，到处寻找营生，变卖房产，作为家长替寡母出头操持家业，这其中所有的辛酸他都能忍，唯独这场遭受蒙骗的婚礼，实在难以接受！

看着母亲已经布满皱纹的手拉着自己，他实在不忍心挣脱，母亲泪水涟涟的继续说：“你给句话，妈只求你这一次，你可以纳妾。只要你看得上中意的，妈就攒钱给你娶进来。”张恨水用小得看不见的动作点了一下头，“好吧，妈，都依你。”

第五章

“套上婚姻的枷锁”本是外国人的说法，自己如今是感同身受了。张恨水实在难以对这桩婚事认命，婚后的第二年，年方弱冠的他辞别了母亲，把家交给毫无感情的妻子，只身一人去投奔本家叔叔张犀草。几个月间都得在为小报做补白，生活也是捉襟见肘。

这年十二月，听说堂兄张东野到汉口演话剧，汉口在当时是大城市，他认为应该有更多机遇，张恨水便放弃报馆的工作，跟随堂兄的剧团做一些文案宣传的工作，每日写很多小册子说明书之类。剧团走哪儿，他就写到哪儿，从湖北到湖南，半年后又到了上海。写这些东西虽也能支撑生活，但也仅仅是温饱罢了。

在张恨水内心深处，继续读书深造是他一直没有放弃的梦想。但在剧团的生活经历，也为他今后的写作提供了经验和方法。晚年张恨水曾经回忆过，每当冥思苦想笔下不能成章时，便站起来面对镜子，假装表演书中人物的行为和表情谈吐。这是他几千万

字著作等身的秘诀之一。当然这已经是后话了。

在上海期间，张恨水还结识了曾任安徽芜湖《皖江报》的总编辑郝耕仁，并与其结为莫逆之交。

在剧团打杂的生活本来就不规律，辗转各地，经济条件又拮据，终于体力透支的张恨水病倒了，只得把仅剩的衣服当掉换钱买药吃。在病中，张恨水觉得这样下去没有什么前途，下定决心“不再流浪”了。身体好转后，他就踏上了回家的路。

他要静下心来继续好好读书，不再浮躁，做学问，不会辜负自己。知识这扇大门，不像那些心高气傲的女郎，只要不懈追求，总会有所回报。

第六章

在家的日子里，张恨水和家人一面耕作，一面仍不放弃多读诗书。乡里也有一些青年在暗地里笑他在外闯荡没闯出个名堂，又回到家里，怪窝囊的。但他不以为忤，仍然坚定的求知，同时坚持练习创作。

在此期间，老实巴交的妻子徐氏一心一意地照顾着婆婆和一大家子的生活起居，但张恨水由于受了新思想的熏陶，加之对被蒙蔽的亲事耿耿于怀，所以从未与妻圆房。

在张家老房子里，张恨水收拾出一间从窗户看得见院中桂花树的房间作为书屋，近似与世隔绝地把自己关在里面日夜苦读。他对待徐氏，就像空气一样，无视她的存在。反倒是婆婆戴氏与媳妇相处了一段时间，觉得儿媳虽然貌丑，但忠厚老实，乖巧听话，便渐渐心生同情；思想传统的婆婆整天劝张恨水与媳妇圆房，以便为张家添丁进口。张恨水一再以种种理由推脱。但终因他天性孝顺，不忍心看着半老的母亲苦苦哀求的样子。依从母命的张

张恨水先生和发妻徐文淑女士

恨水与徐氏圆房，徐氏产下一女，却不久就夭折了。

这时候，张恨水早已又只身外出漂泊，辗转各地。这期间，他只是在春节才回家探亲，一九一九年，张恨水终于在北京报界有了立足之地。极其稀少的相会，使得他和原配妻子之间更加淡漠，毫无感情可言。而这四年左右，改名为徐文淑的徐大毛却兢兢业业克尽职责的在张家上上下下打点操持，照顾着一家大小，使张恨水在外闯荡没有后顾之忧。

作为一个传统闭塞又没有受过教育的农家女子，徐氏尽自己的本分，全心全意地为张家付出。但这时张恨水可能已经随着环境变化，已经把感情寄托放在了其他的方面。

年轻气盛的张恨水出外打拼，又处在风起云涌新旧交替的时代，他不可能心无旁骛。在这几年间，远离家乡的他身边又有了另外一位女子陪伴。

小名叫招弟的胡秋霞出生在重庆，自幼身世坎坷，大约四五岁时，招弟被人贩子拐卖，辗转到上海的一户姓杨的人家，在打骂中、在劳作中长大。几年后，随主人家来到北京。大概十四岁那年，招弟失手打碎一只花瓶，被罚跪在门外雪地里。刚好有警察上门查户口，好心的警察告诉招弟，“你要是再挨打，下次就到警察局告状，我们可以给你另谋生路。”

不久，招弟又被毒打，于是她挣扎着逃出来，到石碑胡同的习艺所学习做手工，每天给人糊纸盒之类，赖以糊口。发育不良十分瘦弱的招弟在习艺所艰难度日，虽然挨打少些，但生活仍然非常窘迫和严酷。

直到一九二三年的一天，习艺所的女工头告诉招弟有好事情。招弟不安的过去，女工头让她看几张男人的照片，说：“这些先生都是挺牢靠的人，嫁给他们会有保障。尤其这位做生意的，跟着他今后就是少奶奶了。”招弟却选中了一位面相年轻的长着娃娃脸的读书人，他就是张恨水。

张恨水自己去习艺所这样的地方物色妻子，现在看来也许有点奇怪，其实在当时并不算什么。生性浪漫热情的张恨水心里永远都有一个才子佳人梦，如果得不到佳人，那至少要寻求合乎他心意的可以调教的乖巧可爱的对象。而且他也有救人于苦难的侠义心肠。

带着罗曼蒂克理想的张恨水当时是这么想的，他把招弟从习艺所接出来之后，将她托付给潜山会馆的一对老年夫妇照管，也是为了彼此有一个相互接触了解培养感情的过程。用了一年时间，过惯辗转流离生活的招弟得到了休息，两人也有了一定感情基础，张恨水便和她举行了婚礼。

张恨水对于新的家庭生活，还是相对比较满意的，他按照自己的性情和志趣去塑造一个全新的招弟，他帮妻子改名叫胡秋霞（另有一名字叫胡瑞英）。并且引经据典，在新房内挂起一副对联“落霞与孤鹜齐飞，秋水共长天一色。”

婚后，穷苦出生的胡秋霞当起了丈夫全心全意的贤内助，劈柴担水、烧火做饭、缝补浆洗，样样不在话下，她的贤惠为张恨水在北京的旅居生活做好了后勤保障。他们夫妻之间的关系很和睦，张恨水性格温和，并且有意识的制定学习计划，手把手地教她写字，从描红开始，每天几个字，坚持不断。

几年之后，当张恨水的《春明外史》开始被报纸连载时，胡秋霞已经可以阅读，成为丈夫代表作的第一个读者，这令夫妻双方都很有成就感，张恨水也迎来了他的第一个长达七年的创作高峰。

张恨水曾经开玩笑般地说：“女子不用找职业，找到了丈夫就找到了职业。”与那时大多数妇女一样，胡秋霞嫁为人妇后相当长一段时间没有出去工作，是一个地地道道的家庭妇女，张家便是她的世界，张恨水就是她的世界中心。

胡秋霞也确实把做张家媳妇当成了自己的全部事业，过门不到五年，她和张恨水之间便生育有两个女儿，以及后来的长子张晓水。胡秋霞含辛茹苦鼎力支持丈夫的写作事业，婚后七年间，张恨水从文坛一名名不见经传的无名小卒，跻身一流小说家的行列，妻子胡秋霞功不可没。

在这个时期，张恨水不仅创作出像《春明外史》《金粉世家》《啼笑因缘》这样的代表作，还相继发表了《荆棘山河》《交际明星》《春明新史》《青春之花》《天上人间》《剑胆琴心》《银汉双星》等十余部中长篇力作。甚至有一两年，他更是多管齐下，同时创作七部小说。

这一切，都与胡秋霞的关爱支持、勤劳贤惠密不可分，可惜这位妻子的文化程度虽然在婚后有所提高，但依然和张恨水心目中的才子佳人模式的组合相去甚远，更缺少他梦寐以求的那种红袖添香的感觉。几年之后，夫妻之间逐渐产生了一些距离。

当第二次婚姻经历七年之痒的时候，秀外慧中的周淑云走进了张恨水的视野。和先前两位妻子不同的是，周淑云有着良好的身世和修养，自幼随父母在北京生活。周父曾在军中担任下级军官，但很早就去世了，母亲靠着不多的积蓄，和日夜辛劳，含辛茹苦的把姐弟三个孩子拉扯大。周淑云上面有一个姐姐，后来嫁给一位从事报刊事业的人；下面一个弟弟终身未娶。周家住在珠朝街云南会馆，由于周淑云特别喜欢猫，自己又长得娇小玲珑，所以会馆里的邻居们都亲切地称她的外号为“猫二小姐”。

台湾著名女作家林海音和周淑云曾是校友。林海音回忆她在北平春明女中的学习生活时，曾经提到校园里有一位被同学们亲切地称作“乖乖妹”的女学生，说她非常活泼美丽，招人喜欢。这个“乖乖妹”便是周淑云。

一九三一年春天，在一次公园的游艺会上，张恨水作为观众见到舞台上参加演出的“乖乖妹”，那个婀娜多姿的身影便在他心中深深地扎下了根。虽然年龄相差比较悬殊，但周小姐为张恨水的才气所打动，天真的她有一次羞涩地问：“我们能够永远在一起吗？”这一次反而是张恨水有点踌躇，沉默了半晌之后，他才缓缓地开口道：“俗话说，人过三十天过午，我比你大这么多，又有

《春明新史》

《银汉双星》

过两房妻子，你还这么年轻，应该慎重考虑才是。”

活泼大胆的周淑云却没有再慎重考虑，她毅然放弃学业，在同年就与张恨水步入了婚礼的殿堂。中学肄业，大胆进入张家的周淑云激起了第二任妻子胡秋霞的醋海翻波，胡秋霞和张恨水大闹了一场。虽说是张恨水把她从习艺所解救出来，但胡秋霞绝非逆来顺受的小媳妇，她撕破脸和张恨水大闹，甚至要求离婚，并且撕毁了所有她和丈夫的合影。但闹归闹，结局仍然是以胡秋霞的让步为告终。婆婆和众亲友的劝说、安抚、软硬兼施，再加上对三个孩子的不舍心疼，使胡秋霞终于屈服，只是此后常常借酒浇愁。

张恨水追逐的才子佳人式的生活，似乎终于实现了。新婚宴尔，结合《诗经·国风》第一章“周南”二字，张恨水帮妻子改名为周南。周南有一定的文化基础，人又娇小可爱，张恨水的诗词作品对爱妻的形象有着很多的比喻和赞美，“红杏腮堆雪”、“向人纤斗小腰肢，杨枝瘦弱任风吹”。

直到年事已高，张恨水仍对往事津津乐道，念念不忘：“那年我们去逛白云观，你披着青呢斗篷，头上插着新摘的海棠花，脚上穿着海绒小蛮鞋，手里还拿着一根彩带交织的鞭子，二人骑驴一起游玩，实在是一幅绝好绝美的美人图。当时我想，我实在三生有幸，娶了一位可以入画的太太。”

在周南去世多年以后，“文革”中破四旧，他也舍不得把和妻子的合影藏起来，儿女们每每藏起他俩的合影，他又拿出来挂在自己的床头，时刻瞻仰已故妻子的音容笑貌。

周南不仅形象条件好，嗓音也甜美，虽然是南国佳丽，但在北京长大，有着清脆甜润的京腔，说起话来韵律感很强，人称“发

脾气时说话也像唱歌”。而周南的确喜欢没事唱上两嗓子，当年上海滩流行的歌后周璇，周南居然模仿得很像，尤其喜欢唱周璇的《四季歌》。由于张恨水喜欢京剧，周南便也时不时的和丈夫一唱一和，但据周围人回忆，张恨水的嗓子五音不全，周南笑话丈夫只能站在左边听，声音响亮却不悦耳，但仍然会照顾张恨水的心情，在张恨水蹩脚的二胡伴奏下，唱上几段京戏。但收场的时候，周南仍然会对丈夫的伴奏说上两句风凉话：“技术还是差，聊胜于无。”

其实在两人几十年的相伴中，周南最令丈夫倾心的，是她的善解人意和灵性。周南本是中学肄业，但从未中断自我修养的学习，尤其是在丈夫喜欢的古典文学诗词方面，所以随着时间的流逝，逐渐可以学写旧体诗词，也摸透了丈夫的文风。据张恨水自己的《劫余诗稿》回忆：某日张恨水在家院里晾晒旧书报，周南随便拿着乱翻，看到上面有一首五言古诗，诗名《悠然有所思》，但未署名。周南说：“这像你写的诗。”张恨水忍俊不禁地问：“这是为什么？”周南回答：“从‘提壶酌苦茗’这句想到的。”张恨水大笑道：“喜得素心人，相与共朝夕。”此为夫妻之间一件乐事。

在抗战时期的一年秋天，张恨水到家附近小溪畔采来一束紫色野花，插到花瓶内。周南觉得过于单调，又找来两朵美人蕉花作为点缀。张恨水一时来了兴致，对着花添了一阙《浣溪沙》，反复的吟诵。周南听来听去，就有点疑问：“记得你去年这个时候吟菊，曾被朋友打趣嘲笑，今年为什么故态重萌？”张恨水不以为意，一边笑一边继续吟道：“嫩紫娇黄媚绝伦，一生山野不知名……”周南抓住丈夫刚才写的词内，有“幽娴不作媚人妆”一句，与这句“嫩紫娇黄媚绝伦”相矛盾，相冲突，便建议：“今天

张恨水先生和爱妻周南合影

是重阳节，本不该打断你的诗兴，不过你以前既然已经说‘不作媚人妆’，后面为什么又要写‘媚绝伦’这样的词意冲突？”张恨水惊喜有加，这位妻子不仅能够红袖添香，居然还能评论挑剔他作品的错漏矛盾。

周南对于丈夫的创作工作，也是有着很大的辅助促进作用。她也爱读张恨水的作品，并且声称自己最爱张恨水的《夜深沉》，她反复看过此书七八遍以上，并亲口对丈夫说：“打开这本书，就像眼见了北平的社会一般，书里面像丁太太、丁二和、田家大姑娘这样的人物，我都见过。”夫妻之间的心意相通，又有着共同的文学爱好，耳濡目染，周南也曾经进行过练笔创作，在重庆《新京报》上刊登过一些诗作，署名是“南女士”。周南发表的诗作，其中《早市杂诗》是最有生活气息，诗内有“良辰小祝购荤鲜”、“短发蓬蓬上菜场”等句，表明周南在抗战年代也受环境影响，由一位生活优裕如意的少奶奶变成一个终日操持家务外出采购的家庭主妇。为了改善一大家人的生活，周南不仅出门“购荤鲜”，还上山采松蘑，挖野菜，自己学着种菜，学着饲养鸡和猪。因为小猪仔免不了乱叫乱窜，会影响丈夫写作，周南每日天不亮，就把猪撵出去放猪，傍晚再赶回来关到宅后的小屋。一心伏案写作的张恨水，直到年关逼近，才惊喜地发现家里多了一头膘肥体壮的小猪。他还大为震惊地问妻子是怎么来的，才知道周南这一整年的辛苦。

为了家庭不辞辛苦的周南，也学会了做很多菜，大家称赞她不管做什么都鲜美可口。由于在北方长大，她善于包饺子，用鼻子一闻就知道馅里缺什么调料，咸淡是否合适。所包的饺子个个煮不破，圆滚滚的。南方长大的张恨水虽不喜欢面食，唯独爱吃妻子包的饺子，下的打卤面。作为一个称职的妻子，周南的一片痴情，让丈夫感动不已。在抗战时期客居重庆，一次日本飞机轰炸过后，周南牵挂着丈夫的安危，奔赴码头准备过江探望。来到江边时，渡轮已经起锚，正开足马力越驶越远。周南心急如焚，不假思索地几步跳上前去，飞身一跃，结果险些掉进江里，幸亏同船旅客出手相扶，一只脚在甲板上一只脚在甲板外的周南才避免葬身鱼腹。而张恨水每次从重庆市区办事归来，周南往往早已守候在家门口，迎上前接过丈夫的行李，递上一条毛巾，让他擦汗。

张恨水成名以后，抗战时期在重庆生活是他人生中最艰难的一个阶段。据张恨水家人说，没有周南不辞辛苦无微不至的关爱，在那个艰苦恶劣的战争岁月，张恨水根本不可能创作出多达五百余万字的“国难文学＂作品。可以中肯的认为，在《牛马走》《八十一梦》《水浒新传》《傲霜花》等鸿篇巨制的背后，都有着周

《牛马走》

《山窗小品》

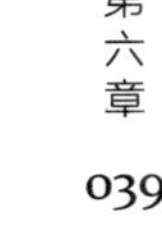

南这个坚定不移默默支持的身影。

作为妻子，周南是非常称职的，但也有闹笑话让丈夫啼笑皆非的时候。年轻时周南的胆子曾经特别小，见什么都怯生生的，婚后好多次她上街购物，见车辆络绎不绝，竟然不敢独自穿过马路，非得雇人力车通过，引得路人注目，令丈夫不胜感慨。

与其他女性一样，周南也喜欢“减价大血拼”，在上海时一次南京路上一家布店竖起了“大减价”的招牌，宣称“足尺加八”，周南觉得捡了便宜，连忙掏钱买了许多。可眼睁睁地看着量的时候是一尺加八寸，回家一量竟然是满尺，一点不多，搞不清楚店员是怎么变魔术把优惠的布料变没的。

张恨水的散文集《山窗小品》中，讲述了一个类似的笑话，也发生在周南身上。在二十世纪四十年代的重庆，市面上母鸡的行情大大高于公鸡的价格，有不良商贩将两只公鸡剪去鸡冠，拔去尾羽，冒充母鸡降价向周南兜售。周南图便宜买下来，第二天早上天不亮，两只鸡原形毕露，引吭高歌，才明白上了当。

但周南也有心软和可爱的一面，随张恨水在南京居住时，张家隔壁邻居有一条大狼狗，狗仗人势，经常对张家小孩凶相毕露。周南心疼孩子怕被狗咬，便每天亲自接送儿女上学放学，私下里她愤然说：“我要离开南京，这里有钱人家的狗都欺负人。”不久后战火烧至，狼狗主人匆匆逃往租界，恶狗无家可归，反倒向张家摇尾乞怜。小孩们见到它就想撵走，被周南拦住：“人别和畜生一般见识，怪可怜的。”以德报怨的周南，居然每天都想着给狗喂几碗剩饭。

从周南与张恨水结婚开始，两人基本不曾分离，然而抗战胜利后，夫妇俩却天各一方，一个北上办报纸，一个带着儿女留守在老家安徽。好在一九四六年底，张恨水便在北平北沟沿买下了一栋大宅子，把妻儿都接到北平，实现了团聚。但没几年，张恨水便积劳成疾，得了中风，张家一下子失去了主要收入来源。因为在此之前，张家所有积蓄，除了购房，一是用二十两黄金购买了一部藏书《四部备要》，二是将剩余的十两黄金交给大中银行的经理王锡恒存入该行。但不知为何，王锡恒并未出具存折，只是以经理的名义开了一张收据。随着国民政府倒台，经济崩溃，王锡恒在新中国成立前夕，将这笔黄金席卷到台湾。张家此时屋漏偏遭连夜雨，已经没有什么流动资金可以周转了，周南毅然变卖了自己的首饰，给丈夫看病，维持家用。后来又与家人协商，将北沟沿的大房子卖给了一家电影制片厂，搬入西四砖塔胡同的一座小四合院，才安顿下来。

由于常年操劳，身体瘦弱的周南在一九五六年被检查出罹患癌症，动过两次大手术后，周南越发瘦弱和憔悴。但她的意志很坚强，把眼泪往肚子里流，照常料理家务，对别人笑脸相迎。此时张恨水已经在中央文史研究馆工作，向单位领导反映，单位迅速请来名医为周南会诊，但已经无力回天。经过一番辗转煎熬，张恨水不得不接受了这个残酷的事实，他终日坐在妻子病榻前，两人并无交谈，只是默默相对。家里人都不懂，为何面对伴侣已经时日无多，但张恨水仍默默不语。张恨水动情地对儿女们说：“你们年轻人不懂老年夫妻的感情，年轻人形影不离有说不完的话，可是我和你母亲不然，整天讲不了几句话，因为话已经多余。交流已经不需要表达，现在你母亲躺在床上，她知道我在，我知道她在就够了，就是安慰。只要她还躺在床上，还有口气，对我就是莫大的安慰！”

命运无情，一九五九年，十月十四日，周南迎来了生命中最后的时刻。周南半靠在床上，和死神的搏斗已经到了尽头，张恨水已经不忍看她痛苦，他走到床边，俯下身子，深情地亲吻她的额角，哽咽地说道：“你放心去吧。”此时周南已发不出声音，她努力地睁大双眼，眼角还挂着一颗泪珠。傍晚五点五十五分，在女儿张蓉蓉的怀抱中，周南永远地闭上了双眼，告别了她深爱的丈夫和这个世界。

周南被安葬在八宝山墓地，张恨水给爱妻立了碑，又请好友左笑鸿用隶书写下碑文“故妻周南之墓”，立碑人是张恨水及子女儿媳孙子等十六人。在生命余下的日子里，张恨水为妻子写下了近百首悼亡诗，并常常独自乘三轮车去八宝山在妻子的墓前一坐便是好几个钟头。

张恨水与他的三位妻子的恩恩怨怨，张恨水之孙张纪所说的话比较中肯：“作为张恨水的后人，我们不愿用世俗的尺子去衡量他更爱哪一个女人，这段历史被我上一代人封存已久，缄口不谈。不仅在我家，就是在老家的大家族里，也是讳莫至深……（张恨水）思想上也是‘半新半旧’，他的代表作《春明外史》《金粉世家》《啼笑因缘》塑造的主人公，也多是半新半旧式的人物。这只能证明他的人性更丰满、更仁慈，反映出他性格中温情善良的一面。”

一九六七年，还是这个寒冷的大年初七，早上。

闻讯赶来的医护人员实施着无力回天的抢救，急得如同热锅上蚂蚁的张伍则在堂屋踱来踱去，不时问“怎么样了”，却又总是刻意回避医生的眼光。也许是造化弄人，迁居到大茶叶胡同十九号的胡秋霞和张晓水张正并未及时赶到看张恨水最后一眼。

听闻张恨水终于不治、撒手人寰的消息后，胡秋霞并未在人前过多表露哀伤，只是常常抚摸着镜框里他们晚年拍摄的全家福。那是“文革”开始那一年在西四砖塔胡同小院内，二老并排端坐在中央，其他十三位儿孙分别站在他们身旁，真是济济一堂。

胡秋霞早年是苦出身，跟了张恨水生活，补习了一些文化知识。但在那个特殊的年代，很多旧式文学被视为“封建四旧”。胡秋霞在晚年只读两个人的书，一个是毛主席的，另一个是“她家老头子的”。但因为张恨水的许多作品都属于“鸳鸯蝴蝶派”的风格，所以在那个时代不能公开的读。胡秋霞把读丈夫的书和回顾自己那段最美好的青春和爱情生活合二为一，她十分喜欢看丈夫暮年创作的中篇小说《梁山伯与祝英台》。胡秋霞多次把这篇民间故事改编的小说当作故事转述给孙子听，由于年事已高，眼睛越发不行了，胡秋霞借助老花镜，还要加上放大镜，但从不放弃读书。

十年浩劫结束后，风气有所改变，很多“文革”期间被禁锢的东西又回来了。张晓水买回一台十二英寸的电视机，胡秋霞晚年把看电视当成了主要的文化活动，很多“文革”以前摄制的电视片重现荧屏，胡秋霞预言道：“老头子的书又要出来了。”果然，随着改革开放的春风，文化界也是春回大地，一九八〇年五月，浙江人民出版社率先再版了《啼笑因缘》一书。

一九八三年，胡秋霞也告别了这个她爱过恨过的世界，晚年的胡秋霞虽然儿孙满堂，个个孝顺，但依然自斟自饮，把对老头子的思念合着一杯一杯的酒吞下肚去。有时寂寞的她，给老头子点起香，对着袅袅轻烟自己唱起《苏三起解》。神志不清的时候，胡秋霞躺在病榻上，向空中挥舞双手，指着空气当中的虚无对女

儿喃喃自语："那就是我的伴……"

徐文淑算是张恨水的"发妻"，朴实善良的徐文淑容忍了后来两位女性分走丈夫的感情，对于自己儿女都夭折的事实，也有些内疚和遗憾，反而对张恨水的其他子女视如己出关爱有加。一九二七年，徐文淑的儿子刚出世便夭折了，张恨水给母亲戴氏磕头谢罪，从此再也不进徐氏的房间。一九二八年，胡秋霞的儿子张晓水出世，由于孩子早产，匆忙之间赶不到医院，也请不来接生婆，婴儿落地一声都不哭，憋得浑身青紫。徐文淑急忙把孩子搂在怀里，暖了好几个小时，他终于哭出第一声，捡回一条小命。张晓水晚年也常说："我的命是大妈救的。"有一次，当年还年轻的胡秋霞因为白天太累，晚上睡得很死，年幼的张晓水半夜醒过来连人带被子滚到地上，又哭又闹。徐文淑赶紧从隔壁跑过来，抱起孩子对胡秋霞说："秋霞妹，你真是个孩子，让你这个大孩子带两个小孩子真是太为难你了。我横竖没什么事情，闲着也是闲着，今后交给我帮你带。"

打从这天起，徐文淑便一直帮胡秋霞照料孩子，在北京城里，徐文淑上侍奉婆婆，下善待子侄，度过了她成为张家媳妇后最幸福的十年时光。抗战开始前，她和婆婆一起返回潜山老家，后来又在安庆定居。张恨水和她天各一方，但是每月都给她汇款，徐文淑很开心，逢人便说："我嫁了棵摇钱树呢。"这时的她已经心平气和，不再像年轻时那样还想和丈夫诉讼打官司了。新中国成立前夕，徐文淑还是回到了老家潜山，她把张恨水给的生活费积攒起来，出于传统观念，买了一块地，用于防老。但由于她是个妇道人家，自己不可能有精力管这么大一块耕地，她便请同村人帮忙耕种。结果没料到在"土改"革命中，徐文淑因为自己没有亲自参加劳动，手里又拥有一块地，便被划为地主成分，变成了被监督管制的劳动对象，只能躲在安庆市元宁巷三号一栋两层小楼里深居简出。

一九五五年张恨水也曾回南方看望过她一次，晚年孤苦伶仃的徐文淑独自生活觉得过于寂寞，便将情感寄托在吃斋念佛上，还认养了一个名叫“小莲”的小女孩作为义女，但在徐文淑的心目中，张晓水总算是她的半个儿子。一九五八年，花甲之年的徐文淑在外出给张晓水寄信的时候，不慎在街上滑倒，便中风了。路人围上前来帮助，老太太已说不出话，用手指着衣兜，人们根据信封上寄信人地址，找到了她家，并且把她送到安庆市人民医院抢救，并联系上了张晓水和张恨水。然而一切抢救措施已经无济于事，此时的张恨水接到噩耗，因为周南正要做手术，无法分身，他拿出七百元钱委托长子张晓水前往安庆料理后事（这在当时已经是一笔巨款），一再嘱托，要将徐文淑安葬在张家祖坟山上。张晓水当即日夜兼程，几顿饭都顾不上吃，赶到安庆，将大妈的后事妥善料理，使其入土为安。一九八九年，张家后人们又为徐文淑重新立了一块新墓碑，碑文是“张母徐老孺人文淑之墓”，立碑人是“男晓水”。这位淳朴善良的张家媳妇，从此长眠在青山之上，碧水之畔。

第七章

张恨水为人半新半旧，但总的来说，他为人善良、宽厚，不留连于权势，无意于官场，也不贪图名利享受。这一切都和他的家教密切相关。

虽然出身前清官宦家庭，祖父张兆甲在世的时候也以“加官晋爵光祖耀祖”作为教育后代的信条，但随着时代的变迁，客观环境的改变，张恨水更多的继承的是他先辈身上忠勇兼任、百折不挠的武将气质。

潜山张氏宗族，可以追溯到明末有四兄弟，从江西一带翻山越岭，来到天柱山麓黄土岭开荒种地，繁衍生息而来的。潜山张氏家族不仅仅靠耕种为生，还有两项绝技，一是国术精湛，二是会制作手工挂面。张恨水一家所隶属的这一支派，以武功见长，他祖父张兆甲（号开甲）更是凭借武功出任朝廷命官，有万夫不当之勇。

张兆甲天生身材魁梧高大，比同龄少年长得更高，力大无比。

十四岁那年据说可以搬动上百斤的巨石，张兆甲十五岁那年被朝廷征兵，加入湘军曾国藩麾下。在战场上数载之间出生入死，但因为人年轻耿直，不会钻营，所以一直未有太大的升迁，年过五十仍然只能看守城门。

本来以为这辈子就这样交代了，没想到孙子给他带来了好运。一八九五年农历四月二十四日，正午，张府院落里的石榴花开得格外茂盛，如同报喜的灯笼一样，一团团，一簇簇，映衬着张家上下被太阳晒得快要炸裂的焦急与火热的气氛。原来，张府三少奶奶即将临盆，一家上下都在戴信兰居住的西厢房外紧张地等着接生婆的报喜。一声脆生生的婴儿啼哭，几乎要把窗户纸划破，紧跟着接生婆扯开了嗓子喊："是公子。"从张兆甲往下，一家老小，全都欢呼雀跃不亦乐乎。正在忙着给小公子擦洗，又有喜报传来，这回可是圣旨，张兆甲连忙跪下接旨，原来张兆甲被朝廷授予正三品顶戴参将，由城门统治升任广信府协镇（相当于后来的旅长）。喜报送来的时间，大约为下午两点，短短一个时辰内，张家又是添丁进口，又是加官晋爵，简直是从天而降、举世无双的大喜。整个广信府都轰动了，方圆百里争相传递着这桩喜讯，一时间恭贺的人群几乎要挤迫张府的院墙。一连许多天，张兆甲都乐不可支，做梦都能笑醒。戎马半生，出生入死，眼睁睁看着旧日袍泽个个升官发财风风光光，自己一直在小小的职务上半死不活的耗着，如今一下子扬眉吐气，觉得可以咸鱼翻身，他顿觉没有辜负此生，祖坟算是冒了青烟。

从此，张兆甲便多了一句口头禅："是老三房的大小子给我带来的官运。"张兆甲还根据张氏宗谱排名，给爱孙取名"芳贵"，总说孙子将来大富大贵，飞黄腾达，光宗耀祖。不过张恨水的父亲似乎嫌“芳贵”一名有些流俗，便又给儿子取了族名“芳松”和学名“心远”。张家随着张兆甲荣升参将，便搬进了亭台楼阁、庄严气派的参将府衙。张兆甲每日处理完公务，便要抱着爱孙亲热一番，虽已是花甲之年，但只要宝贝孙子开口要求，张兆甲便时不时给孙子表演一套武术，踢腿练拳，舞刀弄剑，让小小年纪的孙儿大饱眼福，对祖父也崇敬不已。据说在夏天，家人在敞着门的堂屋吃饭，引来了苍蝇，张兆甲随手用筷子就把苍蝇夹住。不多一会儿，堂屋里的苍蝇就被他全都夹断翅膀扔在地上。年幼的张恨水马上有样学样，但是他从屋里追到屋外，从屋外追到后院，一只苍蝇都夹不住，最后满头大汗的他哭着去求祖父传授绝招。祖父得意地哈哈大笑，笑罢摸着爱孙的头，慈爱地说：“这可不是一天两天学得会的，但你有心学就好。等你再大几年，我就好生教你。”

虽然张兆甲最终没能传授孙子武功秘籍，但他曾经认定张恨水是他必然的衣钵传人。在张恨水五六岁时，祖父请人造了一把木刀，还专门订制了一张少年用的小弓，和没有箭镞的箭，他要亲自教孙子骑马、练武。但小孩子骑不了高头大马，祖父便请人买来两只山羊，配上小型的鞍辔，假装成马，供孙子学习马术。当时的参将府衙大院很宽敞，小孩子骑上羊，跑来跑去，玩得不亦乐乎。四面回廊都有一百多米长，祖父有空的时候，给张恨水带上仿制的小乌纱帽，背着弓，肩扛小木刀，腰上挂着特制的小箭袋，骑在羊背上，呼呼生风地跑过长廊，还拨了旗下两个老兵，负责护卫。因为小孩练习用的刀是钉子把铁皮钉在木柄上，使劲挥舞时就弯了，两个护卫的老兵经常说“少爷玩的是剃头刀”，但常常是祖孙二人玩得无比开心，笑成一团。

张兆甲和张恨水之间祖孙情深，有些小孩子调皮捣蛋会招来一顿教训，换到张恨水身上，爷爷便不会过多责怪他。有一年除夕，张府上下张灯结彩，辞旧迎新的喜庆气氛，孩子们都忘乎所以，堂屋内点起两只胳膊那么粗高达两尺以上的红蜡烛。由于平日没见过这么大的蜡烛，张恨水便跑到红烛下玩。张恨水帽子上缀有一尊祖父赏赐的小金罗汉，淘气的他竟然一把把小金罗汉扯下，在蜡烛光下拿在里玩，还不时的抛来抛去。小孩子的新鲜劲一会儿就过了，等母亲问起金罗汉哪里去了的时候，张恨水便傻眼了。家人便一起在堂屋每一个角落搜寻，都不见踪影。又气又急，母亲便教训张恨水："一只金罗汉要抵你爷(方言称父亲为爷，祖父为爹)半年的俸禄，让他知道了非打断你的狗腿不可。"张恨水一听便吓得嚎啕大哭，祖父闻声，从屋里赶紧捧着水烟袋出来，心疼孙子的他缓缓扫视了屋子一周，把水烟袋的纸媒点燃，低头凑近大红烛台下的锡烛盘，说："灯下黑，找到了，就在这呢！"说蜡烛太高，光亮照不到底部。祖父有生活经验，又疼爱张恨水，金罗汉固然价格不菲，祖父更心疼的是张恨水不要被母亲责骂。

为人宽厚慈善的祖父在官场也不得已随大流走过场，每日的清晨与黄昏，或是祖父出巡时，参将衙门辕门两侧高亭内有专门的吹鼓手，会敲锣打鼓，拼命大造声势。张恨水问祖父："您在衙门内听得见这些锣鼓喇叭吗？"祖父回答："听不到，大街上才能听得到。"张恨水又问："那您喜欢听吗？"祖父乐了，"我喜不喜欢都一样，那是给老百姓听的。"张恨水不懂又问："老百姓天天听，听腻了怎么办？"祖父便大笑着说："你小孩子不懂，官场上的排场就是这样，听腻了也要这样，哪管你喜不喜欢。不这么做，长大了就不能做官。"年幼的张恨水无法完全理解祖父的意思，但他那颗童心却烙下了深深的印迹，张恨水隐隐约约的认识到，当官就要干一些别人不喜欢但又不得不干的把戏，不用理会别人的好恶，只需走过场便可。这也许是张恨水一生都无意于仕途，对官场敬而远之的思想渊源。

一九零一年，张兆甲在一位深居要职的把兄弟推荐下升任袁州协镇都督（正二品），在他欢天喜地的准备以“武威将军”封号上任时，不幸突发急病与世长辞。

张兆甲去世后，张钰和戴信兰不得不搬出住惯了的参将府，并从此分家另立门户。张钰为纪念壮志未酬的父亲，将张兆甲生前使用过的一条人手臂一般粗的长鞭悬挂在堂屋里，张恨水每当看到这条长鞭和爷爷亲手为他制作的小弓箭，便会潸然泪下。

光绪三十三年（一九零七）的一天，江西赣江边新淦县三湖镇辖区内的两座村庄发生宗族之间的婚姻纠纷。两家各集结了几百名老少爷们，来到一片河滩上，隔河对峙，一场恶斗眼看在所难免。

听说要打群架，接到线报的一群身佩来复枪全黑警服的骑马的税警冲了过来。为首的警察面色黑红，斜背一把大砍刀，手持丈二长红缨竹矛，他双腿一夹马腹，使马在河滩开阔处站定，面对两岸村人们一抱拳，道：“我是个行伍出身的人，年轻时也专喜欢打抱不平，但到现在兄弟明白了，强中还有强中手，究竟光靠打不是公平的事。有力的占便宜，无力的吃亏，闹得不好，不平的事是越打越不平。你们两家为着一点小事情这样打起来，其实事主不过一两个人，但你们两家宗族这么多人牵连在内，每个人又都有妻儿老小。轻的受伤，断手断脚，一辈子都废了，重的枉送掉性命，那不相干的事主也不能替你赡养高堂父母。所以我特意请来十几名弟兄，给乡亲们劝和！”那边十几名税警已经在河滩上布置好十多个稻草人，这位警官挥动长矛策马飞奔，一阵旋风便将十几个稻草人接二连三挑向半空，而且都正中心口。在一片惊叹和喝彩声中，他又拔出身上的左轮手枪，连发击中剩下的三个稻草人。此人新旧结合左右开弓的武艺震住了准备斗殴的村民，语言也有理有据，使得一场愚昧的恶性伤亡事件得以避免。这位税警便是张恨水的父亲张钰。

张钰自由随父亲张兆甲习武，年轻时跟随清军参与过四次剿匪行动，立下五品军功。但晚清官场如同江湖，任人唯亲、派系分明，张钰受到排挤，所以一直得不到升迁。

时值变法唯新，张钰认为想要混出名堂，也不一定非要像父亲那样担任朝廷命官，他凭借能够双手打算盘且不出错等技能，担任过税务官。也曾经跟随着“洋务派”“自强求富”的风潮，办过一家浮梁工艺厂，但因种种原因还是失败了。

张钰认为自己半生忙碌，并不十分如意，便将希望寄托到长子张恨水身上。给儿子取名心远，也是盼望他志存高远，成为国家栋梁。封建社会所有家长一样，他反对儿子读“闲书”，他担心儿子看多了小说，难免玩物丧志，步入歧途。但张恨水生性喜欢风格自由、热情奔放的文艺小说，父亲的禁令对他来说形同虚设。张钰发现儿子读了规定以外的“闲书”便大发雷霆，严令禁止，张恨水改为从事“地下活动”，每当全家人都就寝后，他便在枕边放只小板凳，点支蜡烛放在上面，再拿出小说趴在枕边偷偷看，直到天快亮了，再小睡片刻，但几次闹得差点失火。这种小伎俩根本骗不过父亲，张钰盛怒之下，也只能和妻子商量了一番，做出了一定的让步，要求张恨水白天读一点小说，夜里应在子时

前入睡。尽管表面上拉着老脸，但张钰在内心深处对于儿子的文学志向还是有一点赞赏的。张钰跟随的几位长官，都是推崇新政，相对开通的。废除科举、女子放足、禁止鸦片和变法，都是他们的热门话题，因此尤其是到他生命的后期，张钰总体上可以算作一个开明、豁达的父亲。

一九零九年，张钰便把张恨水送进江西南昌大同小学，让儿子学习新知识，接受新思想。两年后，张钰又对儿子说："我现在为你筹划好两条出路，第一是我托人介绍，你报考陆军学校；第二是省里面有一所农林学堂，毕业以后可以干点实际的事情。"张恨水并不像父辈那样准备投身军营，于是便进入南昌甲种农业学校农桑科。张恨水从小便被乡亲们誉为"神童"，但那只是就他的传统学科八股文章而言，进了新式学校，神童便毫无优势。新式学校里要求的自然科学知识，张恨水从未接触过，但他争强好胜，为了跟上教学进度，昼夜苦读，结果过了一段时间，就累病了。爱子心切的张钰便赶紧把儿子接回家，要求他先好好休息，"出人头地固然重要，但我更希望你一生平安。"当然张恨水很快又回学校努力学习，但他可能也和今天的青少年一样，有着对于科目的偏好，不喜欢数理化，张恨水把大多数的精力和天赋都用在了文科上。

宣统三年即一九一零年的一天，张恨水从学校回家，进门开始躲躲闪闪。弟弟张心恒很快发现哥哥哪里不对，大喊："大哥的辫子剪了！"所以全家掀起了一场不大不小的风波。当时外面风云变幻，清廷摇摇欲坠，因而张恨水剪了辫子也没有招来什么大不了的祸事，无非是挨了父母一段时间的责骂批评，此事便不了了之。尽管张钰对儿子剪辫子的举动不情愿，但认为这是大势所趋，慢慢也就接受了。他作为小官僚虽然忠于清朝廷，但也识时务，懂得大势所趋，并且性格洒脱直爽。也是在宣统三年的大年初一，张钰带着张恨水外出走亲戚拜年，刚踏出院门外，张钰脖子上戴着的朝珠突然断线了，掉了满地的珠子。张恨水吓了一跳，家里也都觉得是不祥之兆，张钰却坦然笑道："不要紧，至多把官帽丢掉，没什么大不了的，本来我就没有做官的命。"后来这一年张家并未遇到什么灾祸，张钰过后还乐呵呵地说："遇事看得清，就没什么，别把得失看得太重。吉凶预兆，何足介意？"张恨水一生都不信迷信鬼神，也许是受到了父亲的影响。

原本在张兆甲病逝那年，张钰见张恨水无比伤心，哭成了泪人，便对长子说："你既然这么记挂这爹爹，就应该有接过他衣钵的志向。今后时机合适，我会把爹爹教会我的东西，全都传授给你。"然而，当几年之后张恨水要求父亲教他武艺时，却遭到了拒绝："眼下时局不同，你长大应该到海外学习新学。"一九一二年，张钰准备送张恨水到日本留学，张恨水本人则希望去英伦三岛，或者至少是欧美国家。认为那样可以接受更加直接的西方科学教育。但命运和他开了个玩笑，当父亲准备进一步筹措留学经费的时候，不幸染上传染病，猝然离开人世，张恨水称父亲病逝这件事是"终生大悲剧"。由于全家人主要依靠张钰的薪水度日，张钰的病逝对张家经济上的打击是致命的，张恨水出国留学的计划也胎死腹中，留给他无穷的遗憾。张恨水为父亲撰写出一篇《四六祭闻》，还大胆地在灵堂内公开宣读。张钰英年早逝，但他的正直、热情、义气、开明的品性传给了深爱的儿子张恨水，父亲的言传身教对造就日后的文学家有不可或缺的作用。

第八章

张恨水的性格中有着优柔寡断的一面，凡事不忍做得太绝，但又确实很重情义，有着心地宽厚善良的特点，除了深受祖父和父亲的影响外，也离不开母亲戴信兰对他的慈爱呵护。

清光绪二年，即一八七六年的一天，戴信兰出生于湖北孝感。父亲在当地从事铜匠营生，也有一定的文化，每天忙碌之余，总教爱女识几个字。戴信兰对儿时的记忆，最难忘的，除了父亲拉风箱的声音，和叮叮当当捶打铜器的声音，便是父亲用木棍在门口泥土上教自己认字的情景。

无忧无虑的童年是短暂的，根据农村的习俗，女孩儿长大了就得赶紧嫁出去，放在家里反而会招人笑话。戴信兰聪明伶俐，人长得模样又端庄，家里上上下下粗活细活都是一把好手。这时全家已迁居到江西南昌，依旧靠父亲手艺养家糊口，而戴信兰从来不缺上门提亲的人。出落得越来越水灵的她，心里早就有个念头，对于未来的夫婿，要求不求大富大贵，但要能够知书达礼。

父母深知爱女的心思，于是也回绝了好几门亲事，直到戴信兰十八岁这一年才相中了张钰这位乘龙快婿。

戴信兰过门后翌年便生下长子张恨水，这个给全家和祖父带来齐天鸿运的孙子，其实一开始并不让人省心。据说襁褓中的张恨水一天到晚安安静静不哭不闹，只会迷迷糊糊的睡觉，年轻的戴信兰没有经验，一度曾以为自己生了个傻儿子，发愁得日日夜夜给观音菩萨烧香祷告。直到晚年，她仍习惯称张恨水为“呆儿”。慈母疼爱长子，而在张恨水心目中，也无比敬爱珍惜他的母亲，他认为母亲是天下慈母的楷模。

若是要深入地了解张恨水年少时的家庭生活，大家可以读一读他的长篇小说《北雁南飞》，书中主人公李小秋正是以张恨水本人为原型。李小秋父母李秋圃和李太太很明显是以张钰与戴信兰为模特，而书中的李太太正是那种和蔼可亲、善解人意，对孩子体贴入微，宽厚、仁爱的母亲形象。

随着儿子的出生，戴信兰的生活中心便转移到了儿子的身上。作为官宦人家的小少爷，从呱呱坠地开始，便由奶妈下人照顾。但戴信兰总是舍不得儿子脱离自己的视线，戴信兰喜欢盯着孩子看，欣赏孩子点点滴滴的生长、逐渐丰富的表情，欣赏儿子每一个动作，倾听他牙牙学语咬字不清的语言。就算是半夜醒来，她也常常喃喃自语唱着儿歌，亲吻睡梦中的儿子。

儿时的张恨水也像其他小朋友一样，是个“无恶不作”的调皮蛋，经常满身是泥，或者披红挂彩。这时母亲总是以口头教育为主，只有实在气极了，才会赏他几个“爆栗子”，真正的体罚在张恨水记忆当中从未有过。戴信兰是一位心灵手巧的主妇，家里曾经有厨师，但她还是隔三岔五的为丈夫和几个孩子亲自下厨做

菜。张恨水终生难忘慈母酿造的孝感米酒，和她做的“炒千张”、五香豆腐干、辣豆腐、蛋炒饭、煮米线等等家庭美食。

天有不测风云，丈夫张钰英年早逝，那一年戴信兰才三十六岁。萧瑟的秋风中，她只得变卖南昌家中的房产细软，拖儿带女回到天柱山下的安徽省潜山县岭头乡黄岭村。在这座闭塞的小村庄里，守寡的戴信兰终日以泪洗面，世事艰难，怀念亡夫，牵挂着寄养在自己娘家的大女儿，为今后的生计发愁，被外人的欺辱蔑视所煎熬。

张兆甲张钰在世时，张家在本地是首屈一指的大户，以前张家人每次回乡，总有不少趋炎附势的族人卑躬屈膝巴结奉承，总是点头哈腰的称“张老爷吉祥”。如今人走茶凉，许多人就变了脸，见面没有请安施礼，反而冷眼相向，出言不逊，甚至上门寻衅滋事。有些人找上门来，谎称张钰从前借过他们的钱，逼迫寡妇拿出钱来偿还本不存在的债务。还有一些宗族关系比较近的族人更加阴险歹毒，他们先是怂恿戴信兰改嫁，遭到其严词拒绝后，又多次企图绑架她卖到深山里，如此便可以借机抢夺张家孩子的监护权并霸占房产。但世上没有不透风的墙，歹毒的阴谋传入了戴信兰的耳朵，一向为人宽厚的戴信兰大为震惊，又想不到任何好主意保护自己，只有终日哭泣。一只眼睛因为流泪过多几乎看不见了，就连睡梦中也是有无数的人围着她讨价还价，仿佛她是被拉到集市上卖的牲口……

一天深夜，张恨水半夜听到响声被惊醒，他朦朦胧胧的睁开眼，发现枕边多了一串钥匙，他连忙拿起来凑到窗前就着月光仔细看，发现这就是母亲腰上挂着的那串钥匙。刹那间后背一阵发凉，他觉得事情不好，赶紧跑进母亲房间，发现床上只有小妹一人睡得沉沉的。他赶紧从堂屋追出去，自家大门是半掩着的，风正呼呼地刮进来。想到近日母亲所受的种种压力，他担心母亲要寻短见，赶紧冲出大门一路跑一路找。接近小河边时，张恨水看到前面夜幕中那个踉踉跄跄的背影就是母亲。他抢上前去，一把抱住："妈，你要干什么？"戴信兰崩溃般地任儿子晃来晃去，泪如雨下："心远，妈没活路了，妈只能走这条路了。"张恨水哭着问："您走了，我们怎么办？靠我一人，怎么带大弟弟妹妹？我答应爹孝敬您的，你怎么能让儿子成为不义之人呢？您太心狠了。"母亲心如刀绞，但感觉厄运如沉沉黑夜一般四面八方包围着她，戴信兰呜咽着说："孩子，不是妈心狠。你们都是亲骨肉，妈怎么舍得丢下你们？可是，我一个妇道人家，连自己都保不住，还怎么照顾你们，只能听天由命了！"张恨水努力地劝道："妈，什么都别说了，先回家吧，总会有办法的。"戴信兰通过朦胧的泪眼看去，发现儿子只穿着短衣短裤，在夜风里冻得嘴唇发紫，母爱暂时驱走了自杀的想法，戴信兰和儿子相互搀扶着回家去了。

回到家后，三个弟弟都已经被惊醒，吓得不知所措，张恨水让弟弟们和自己围成一圈，给母亲跪下，一起央求："妈，请您老保重，把我们带大，别再那么做了。"然后张恨水代表弟弟们，向母亲保证："我们保证听话，替爹争气，不让您老受人欺负，为您老养老送终。"看儿子们如此央求，戴信兰也觉得自己太过于冲动，她泪流满面的扶起儿子，答应今后好好生活，不寻短见。

这场未遂的自杀风波惊心动魄，母子几人都刻骨铭心，多年以后曾眼含泪花的向后人讲述。刚到潜山时，戴信兰便发现当地人抽水烟袋是一大地方特色，婆婆媳妇们都爱抽水烟袋闲聊打发时间。条件差的人家水烟袋是竹子做的，家境好一些的会选择铜水烟袋。农闲时节，农妇们忙完家务，便会在房前屋后晒太阳，三五成群，闲聊家长里短，彼此手中的水烟袋，也成为重要的社交工具。这个说："三嫂子，这是我刚买的烟叶，味道不辣喉，你尝两口。"那个讲："大妹子，这是我当家的新做的烟袋，你也尝尝鲜。"水烟袋传到戴信兰手中，却之不恭，只好勉为其难学着吸烟。一段时间以后，反倒觉得别有一番滋味，而且似乎起到了可以消愁解闷、联络感情的作用。

第九章

一九六七年二月十五日，仍是在早上七点钟，一片忙碌，一片漆黑。

有点凉，前面仍然黑暗。虽然凉得让人受不了，似乎进入了冰冷极寒的阴阳河，再也感受不到尘世间的悲欢喜乐。可张恨水的心里还是涨得满满的，他依稀看到了熟悉的面孔，听到了熟悉的声音，孤独的心忽然有些欢喜起来。

“心远，我想学习《老残游记》的老残，到处游历一番。只我一人无甚趣味，你可愿和我同行？”恍惚中，大他十岁的好友郝耕仁在跟他说话，可他记得郝耕仁邀他学老残同游是写的信吧？不，也许是他想多了，郝耕仁病故那么多年，哪里会同他说话呢。

“费用方面你无需担心，由我来承担。”郝耕仁又继续说话了。张恨水茫然地抬眼四顾，黑暗中那一丝光亮里隐隐有一张熟悉的笑脸。“我已是七十古来稀的人，又病体残身，如何还能

游？”张恨水叹气回答，没想到郝耕仁这个前清秀才，仗着他为人狂荡不羁，居然嘲笑起张恨水来：“你年纪轻轻，学什么老人家？如果不乘年轻去四处游历，临老了想去也去不了。人生苦短，为何不让自己乘风破浪，遨游天际呢？”

年纪轻轻？张恨水愣住了，恍惚间，他似乎真的是年轻的，身体一点毛病也没有，精力充沛，浑身充满了久违了的干劲。“好啊，我们在哪里会合，又哪里游呢？”而郝耕仁也同样是大好青年，哪里病容憔悴，他大笑着说：“我们在安庆会合吧，到时再商量。”张恨水没有再问，迫不及待地收拾简单的行囊，告别母亲戴信兰，离开了那些只会喊他“大包衣”的乡邻，便动身前往安庆。

那是在一九一七年的春天，正所谓的“春风又绿江南岸”，遍野花开，绿柳成荫。在安庆见面后，张恨水如出笼的鸟儿，兴奋地望着倜傥不羁的郝耕仁，等着他的出游计划。哪知郝耕仁身上除了一套简单换洗衣物，其余全是家庭常备药，而且这些药还是郝耕仁借钱买来的。张恨水不解地问：“我们身体壮实，即便银钱微薄，出游辛苦，也不至于病如膏荒吧？这么多药，咱俩能吃完吗？”郝耕仁哈哈大笑，说：“既是学《老残游记》中的老残，我们自是要一路卖药，且专走乡间小路，一边看山水，一边观察民情，然后由淮河北上，入山东，达济南，再浪迹燕赵，最后直至北京。”听着郝耕仁的计划，张恨水眼睛都直了。郝耕仁故意问他：“如何？”，如此潇洒的出游计划，令人心动，恨不能马上就走，张恨水使劲点头。在他心里，郝耕仁不只是年长十岁的好友兼兄长，还是个经验老到的新闻记者，凭他丰富的阅历丰富，他说行，张恨水自然不会再有顾虑。马上将药品收拾在两只小提箱里，然后就出发了。

张根水对一切前所未有的高兴，他们由镇江渡江，循着大路北上，见车都不愿坐，学定了老残，徒步前行，一路上边说边笑，边观察民情民风，晚上吃过饭后，两人还会讨论一番当地的见闻感想。最后他们从仙女庙来到了邵伯镇。这里人烟密集，热闹繁华，郝耕仁想了想，说："这几天我们就在邵伯镇卖药买药吧，顺便可以考察一下世风民情。要知道邵伯镇位于运河之滨，是个繁华的水陆码头，最主要的是跨过运河，就是"腰缠十万贯，骑鹤下扬州"的扬州。张恨水正有此意，便同意了。然而他们却发现在川流不息的人群中，老百姓并没有"繁华之地居富贵，热闹非凡享太平"的模样，他们的脸上都有种惶惶不安的神色，在人群中，甚至还能看到一些背枪穿着制服的人，神情凶悍地看着过往的每一个人。

感觉到莫名的不安全，两人回到旅店向店老板打听究竟是怎么回事。旅店老板瞅了瞅他二人，便说那些是镇保安团的人，现在就住在他们对面的房间。见两人一点也不害怕，便又说："前面有战事发生，随时能把你们两个当作敌方探子抓起来。我劝你们赶紧离开，否则他们若回来看见，真把你们当探子抓了，你们倒霉也就罢了，可别连累我。"听到店老板如此说，两人无奈地互看了一眼，郝耕仁说："我们现在手里除了那些家常药，就什么都没有了。就算想离开这里，也没有回去的路费。也只能尽快地把药卖了，凑得路费就离开。"店老板才不管他们有没有路费，张恨水清清楚楚地记得，店老板看他们衣裳不好，不衫不履的，生怕他们骗他似的，说话时老抬头望望房间里是否有丘八出来，又或是门外是否有丘八路过。说不上几句，就对他们一催再催，直接说怕惹祸上门，宁愿不要房钱，只求他们快点搬走。

如此被赶，没奈何，郝耕仁和张恨水商量过后，不得不忍痛把药减价然后卖给西药店，以极少的药钱就此打道回府。说是老残游记，说什么浪迹燕赵，观览北京的壮举，可惜最后敌不过动荡不安的局势，“老残游记”变成了“老残梦断”。祖国的大好河山，竟不能随意而走，被制于枪杆之下，息于蛮横之威，恼怒！

张恨水虽没有唉声叹气，可心里还是很失落，满心的期待和努力换回的竟是一个残梦。不过在第二天傍晚搭船前往湖口时，张恨水没想到竟然还有更让他不是滋味却又百般滋味，令人记了一生仍嫌不够的事来。那是一只运鸭的船，没钱的他们跟船主套近乎，船主是个很善良的人，见两人知书识礼，不像无赖，便应允让二人上船，不取分文。哪知那船上鸡鸭屎腥臭难闻，蚊虫更是多如雨。躲入船头里，又闷得透不出气，实是辛苦得真想一头扎进湖水里，好好的凉透一番。终于在半夜时分船经过了一个小镇，运鸭的船主去办他自己的业务，郝耕仁和张恨水则上岸暂时投地休息，等着船主回来。那晚，他们投入的是一家草棚饭店。这是家似乎为贫民而存在的饭店，里面像船上统舱，全是睡铺。铺上的被子，在煤油灯下，脏得似乎是擦了很多年然后清洗不掉的破抹布。这也就罢了，哪知被子上竟有膏药。还没坐下，身上就来了好几个跳蚤。张恨水受不了，郝耕仁也受不了，最后郝耕仁提议两人干脆站在店门外就此过夜便好。既已至此，张恨水也只得安心盼望天明快来。郝耕仁果真是笔名“大癫”一般，做事竟有些“疯狂”，他对站在门外过夜毫不在乎，天才大亮，他竟喊着张恨水跑到镇上的小茶馆里喝起茶来，还要了四两白酒，一碗煮干丝。对于穷困的二人来说，这自是一笔不小的花费，在付过酒账之后，两人身上总共就只有几十枚铜圆了。有趣的是，不知是否酒性高涨，一轮红日升上高空时，郝耕仁竟唱起了谭派的《当锏卖马》，激昂振奋，生生令人浑忘了一夜没睡的身体疲倦。唱毕，郝耕仁提着一个小小包袱，嘴角含笑地拉着看他唱戏看得目瞪口呆的张恨水上船。

这次短暂的旅程，令张恨水长了很多见识，也见识到了郝耕仁那种乐天知命的态度，他极其钦佩，直言毕生不能忘记。两年后的初春，郝耕仁要去广州参加革命政府，便推荐张恨水接替他在芜湖《皖江报》总编辑的职务。张恨水有些惶惶，毕竟他自己既没有经验，又还年轻，不知是否能够胜任。倘若做得不好，砸了《皖江报》的招牌，也对不住郝耕仁对他的信任。郝耕仁自是不会看走眼，相信张恨水能做好总编辑这个位置，便写信鼓励他说："他们信得过我，自然也信得过我推荐的人。"张恨水异常感动，连忙到处借贷，凑了三块钱的路费后，便到芜湖《皖江报》当总编辑去了。

对，没错，那年他才23岁，没想到当报人一干就是三十年，时间如白驹过逝，如指尖流沙啊。张恨水默默地望着郝耕仁大笑转身离去的背影，心里悲痛起来。那光亮越来越暗，郝耕仁走得很快，越来越隐于黑暗中，他想要追上，却怎么也迈不开腿。郝耕仁没有回头，他边走边说："我是注定要比你先去的人，你要做的事还有很多，你的才华注定你是不平凡的。虽说我把你引向了新闻这条路，可到底是你的个性和你的品质决定你要走这条路。你的小说还没完，还要继续写下去，别忘了，你不只是新闻记者，你还是个文学作者，别辜负读者的期盼，不要让他们在报社门口一直排队等下去。以你的水平，应该出版，让更多人的去阅读。"

排队？什么排队？张恨水没想起来，郝耕仁的背影完全没于

黑暗中，似乎再也见不到他了。从很久以前，他就见不到他了。恍惚着，他听到张楚萍在跟他说话，张楚萍说："嘿，现在我和郝君可是天上九天司命的言官——灶神，若非是你，我们也不能如此得志于天上。总算再没那些苦难，有志可伸，有情可叙，比那鸡鸣狗盗的人间好几百倍。"张恨水怔怔地想着，忽咧嘴笑了笑，却有些苦涩。他记起来了，张楚萍年龄和他相差不多，关系上不只是挚友，还是他的本家叔叔。这家伙才气横溢，能诗能文，洒脱不羁，自称"疯子"，可惜性格有些孤僻，不熟的人相处，多半要说他不近人情，说话刻薄。

还记得张楚萍给一个叫"钱有南"的鸦片烟店的店主撰联，张楚萍本不愿意，奈何那店主欣赏他的诗才，百般央求，张楚萍只得允之。然而他不假思索，大笔一挥，联出来的对子竟让那钱店主哭笑不得，想骂也骂不出来。他记得很清楚，张楚萍是这样写的："有土何须分南北，无钱莫吃这东西。"真是绝妙极了，短短十四个字，就把店主的姓名、职业、性格全部嵌入联中，天衣无缝，浑然工整，谑而不虐。那钱店主没打他骂他，也真是稀奇了。如此怪才诗人，可惜他有志难酬，还被他的父亲强行包办封建婚姻，根本不容许他自由恋爱，结果是逼得他为了逃婚，跑到上海去求学，如此"社会家庭皆不见容"的忤逆子，自是被其父断绝经济来源，以震威慑。只叹世事难料，悲情难抒，一九一八年的时候张楚萍在上海英租界被捕，被判刑 7 年。那时候他父亲为他选的妻子得知消息后，不计前嫌，将她自己陪嫁的田产全部卖掉，赶到上海为张楚萍到处疏通打点关系，最后将七年刑期改为五年。张楚萍没想到这个一点感情都没有，甚至没见过几次面的妻子竟如此真心对他，心里十分感动，决心出狱后，好好的善待妻子，跟她和睦到老。只可惜狱中生活难为外人道，身体孱弱的张楚萍没能等到出狱后安心回家和妻子共建美好家庭，在第四年的时候他在狱中度过了他的最后人生。

好友一一离去，最后独剩他一人孤独落寞，虽有妻有儿，可痛失挚友之苦，如何能抒？一路走来，青春相伴的挚友，从少年时的天真单纯，到后来畅谈文学，抒发胸臆，怒骂官场，灯下嬉笑，和诗逗趣的日子，如今是一去不回了！“三更三点奈何天，手也挥酸，眼也睁圆，谁写糊涂账一篇？”“一刀一笔一糨糊，写了粗疏，贴也糊涂，自己文章认得无？”这首《丑奴儿》前半阕郝耕仁所作，后半阙他自己所作，本是当时在《皖江报》忙得不可开交时郝耕仁打趣他随手所写，可后来，想要再如此有趣一番，却不能够。

黑暗，袭来吧，如果还可以再看到他的挚友们，他愿意就此黑暗下去。

第十章

等了很久，都没再听到挚友们的声音，他们真的去天上当灶神了吗？张恨水怔怔地想着，心里怅怅的感叹起来。他这一生，大抵是命运的安排了，不止有引领他走向新闻和文学道路的挚友相伴，还结识了很多现在想来都觉得不可思议的人物，在他的人生经历里划上浓墨重彩的笔画，有增色添香的，也有遗恨怅然的，不管如何，于他而言皆是充满回味的奇妙缘分。

还记得初到北京的时候，他的薪水少得可怜，又举目无亲，工作闲暇之余，要么在所住的安徽会馆里读读书，要么就是写一些诗文拿去四处投稿。那段时间正在读的是《词学大全》，那天他原本是兴之所至，拿纸笔照谱填了词一阕，且更多时候这些词也只是抒发自己的感触，并不是像他要发表的那些诗文一样斟酌讲究，故而长调小令都有，填过就丢，从没想过保留。哪知有一天，同乡方竟舟先生来看访他，跟他闲聊，当时见他正在填一阕《念奴娇》，便随手把这阕词拿走了，说是很好，要欣赏拜读。本就写了要丢的，他当然不在意了，没想到三四天后，方竞舟突然敲门，一进门就嚷嚷着说：“你那阕《念奴娇》被我的一位朋友看到了，他非常喜欢，逼着我来找你，请你务必赏脸去他家里把酒谈词呢。”张恨水好笑地说：“只是随便写的，如何就好了，自是先生抬爱。”方竞舟大笑说：“你那句‘十年湖海，问归囊，除是一肩风月……’，我那朋友大为倾倒，正是所谓的读其词，而心仪其人，他非常想见你，难道多交一朋友，你还不愿意？”

张恨水在北京本就无甚朋友，听到方竞舟这样说，自是高兴，欣然前往赴宴。而接待他的不是别人，正是后来成为报业巨子的成舍我。原来这成舍我也喜爱诗词，甚至在学生时代因总爱摇头晃脑琢章雕句，得了个“摇头先生”雅号。两人一见如故，常常唱和联句谈诗论词，正所谓的志同道合，往往通宵达旦都不觉疲

成舍我

惫。能得友如此，不止张恨水高兴，成舍我也很激动，想也不想地就请张恨水去他任总编辑的北京《益世报》帮忙。能得一知己又有一不错的工作，张恨水更高兴了，忙不迭地答应。进了《益世报》后，为了生活，他又给共他几家报社做兼职，没想到一晃就是五年。在这五年里，他根本没有时间和精力去写喜欢的东西，真要用个词来形容的话，这五年他做的是"新闻苦力"的活。

可人生不就如此吗，想要生活好一点，就得放弃其他的爱好，文学也是如此。且那个时候，天天跑新闻，既是为了工作责任，也是为了填饱肚子。不过机缘的事，真的是说不定，老天什么时候会给你安排一条你想走的路，还真的是捉摸不透。张恨水原以为这一生他将这样下去，只能偶尔的偷闲写点小东西，哪知在一九二四年，成舍我筹到了一笔资金，他对张恨水说他要干一番大事业，还说他知道只有张恨水才能帮助他完成这个壮举。

成舍我的壮举，便是自己当老板，自己办报，创立北京《世界晚报》。成舍我还对张恨水说："你的才华有目共睹，要你成天的跑新闻，也难为了你，扼杀你的文艺天赋，实是愧疚。《世界晚报》会有一个文艺副刊，我想要你辞去一切工作，包括在《益世报》的，还有其他家报纸的，专心负责文艺副刊。"这个提议触动了张恨水的内心，他不禁欢喜连连，毫不犹豫的欣然答应，甚至什么条件都没提。而两人确实是合作无间珠联璧合的好搭档，当时因经费有限，成舍我的《世界晚报》编辑当时只有张恨水和素有"龚大炮"之称的办报高手龚德柏，做报纸发行及管理工作的则是成舍我的北大同学吴范寰。经过一系列的准备，在一九二四年的四月一日，北京《世界晚报》正式创刊，文艺副刊取名《夜光》。这是张恨水第一次办报，他兢兢业业、呕心沥血，除了责

世界晚報

中政會今晨推

林森代理主席

《世界晚报》

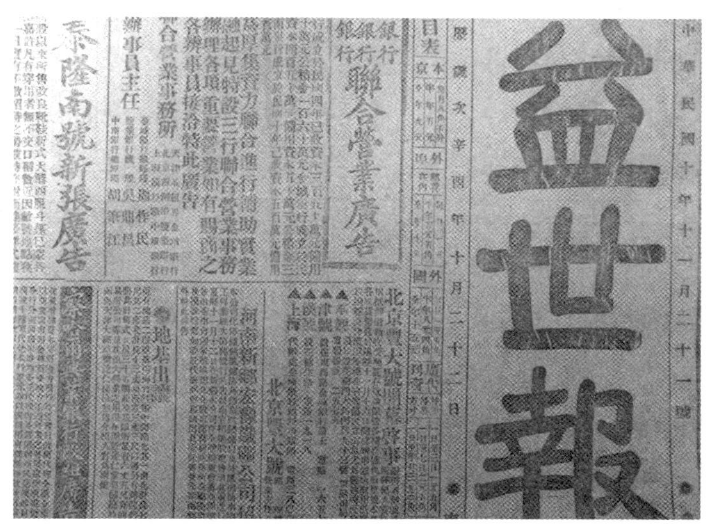

中華民國十年十一月二十一號

益世報

歷歲次辛酉年十月二十二日

銀行銀行銀行聯合營業廣告

聯合營業事務所

辦事員主任

泰隆南號新張廣告

北京豐大號

地基出讓

《益世报》

任，还有他对文学的尊重和喜爱。因为初办，外稿自然不多，为了稿件的质量，那个时候，他几乎一手包办了小说、散文、诗词、小品、掌故、笔记、谈戏等等。这种“包写全版副刊”的新鲜事，在新闻界是一直引为佳话的，实则，他并不愿这样，尽管喜爱文学，但更愿意将版面留给其他人。

不过，也大概这就是缘分吧。无论是同事，还是报界，又或是读者，都纷纷称赞《夜光》，说是内容风格耳目一新，阅之愉快。尤其连载的长篇小说《春明外史》，竟引起了出人意料的轰动，得到了各阶层的喜爱，读者追捧成风，大街小巷谈论的话题几乎离不开《春明外史》，这种受欢迎程度，越发让《夜光》扬名，也让《世界晚报》迅速发展为北京报业的佼佼者。成舍我做生意的头脑，张恨水钦佩万分，趁热打铁的成舍我在第二年迅速又创办了《世界日报》，当然，副刊仍然由张恨水主编，为了和《夜光》交相辉映，张恨水亲自为副刊取名《明珠》。并在《明珠》上撰写连载完小说《新斩鬼传》后，又撰写了百万言字的长篇小说《金粉世家》，和《春明外史》一样，这部小说再一次引起了强烈的轰动，出现了许许多多的《金粉世家》读者，纷纷写信表达读后感。

这两部作品能让读者激动追捧，张恨水自己也说不出所以然来，用个在当时新兴的词，大概了是写的是当时最时髦的小说，如此而已吧。不止如此，他写的诗、词、散文、小品，也是好评如潮。虽说有人说他为《世界日报》报业的勃兴立下了汗马功劳，他从不得意，因为他只是写了他喜欢的，仅此而已。不过，高兴的是他在《世界日报》结识了张友鸾、左笑鸿、万枚子、吴范寰、萨空了、黄少谷、施白芜等众好友，能得几十年交情，惺惺相惜至今，他的人生早已无憾。只是可惜仅五年时间，他不得已辞去

《世界日报》的一切职务。外界对他的辞职纷纷猜测，甚至有读者纷纷写信到报社询问缘由和挽留，然而，这其中的苦只有他自己才能感受，别人又如何凭只言片语就能了解的呢。没错，他和成舍我之间存在薪水问题，总是多年至交，拿着朋友妻子的欠条本无必要，丢失就丢失了，等成舍我回北平，他再向他讨要薪水便可。遗憾的是没有欠条，成舍我拒绝补薪。成舍我对钱的看重，和对他的失信，令张恨水意外和失望，再加上当时和成舍我在办报宗旨上的分歧，他不得不选择离开。但是读者的强烈挽留，也深深地感动着张恨水，两个月后的四月二十四日，他不得不在《世界日报》上发表《告别朋友们》一文："我并不是什么要人，要来个通电下野。我又不是几百元的东家，开了一座小店，如今不干了，要呈报社会局歇业。……为什么辞去编辑？我一支笔虽几乎供给十六口之家，然而好在把生活的水平线总维持着本无大涨落，现在似乎不至于去沿门托钵而摇尾乞怜……"

为了答谢读者厚爱，张恨水在文章末尾还特意附上所写的《满江红》词一阕：弹此人生，又一次轻轻离别。算余情余韵，助人呜咽。金线压残春梦了，碧桃开后繁华歇。笑少年一事不曾成，霜侵发。抛却了，闲心血。耽误了，闲风月。料此中因果，老僧能说。学得曲成浑不似，如簧慢弄鹦哥舌。问匆匆看得几清明？东栏雪。

想到这段令人不甚唏嘘的往事，张恨水在心里怅怅地叹了口气。他以一阕《念奴娇》走进《世界日报》，又以一阕《满江红》走出《世界日报》，这其中的是是非非，本不足外人道，外人也无法理解，然对于他来讲，文学上是取得成就了，可多年的友谊和信任，却这么轻易地烟消云散。还有他辛苦耕耘的《夜光》《明

珠》，舍不得，终要舍得。

不过说起来，张恨水也没想到他的《春明外史》会有如此出色的成绩。从第一天连载起，就受到北京各阶层读者的关注，随着情节的深入，这种关注越来越热烈。随着故事的发展，情节的深入，人物命运的走向，读者们已经不安心于等着报童的叫卖，报摊的开张，每天的下午两三点钟，不少读者纷纷自发地跑到报馆门口排队，只为焦急地等待当日报纸发售。当时左孝鸿等人告诉他楼下报馆的趣事时，张恨水并不相信，只说他们拿他取笑。到他偷得时间站在楼上打开窗子一角往下观望时，才发现队伍排得有如长龙，读者们脸上的焦急和离不开《春明外史》话题的讨论，亦让张恨水记忆一生。如此辛苦的排队，仅仅是因为关心书中人物的命运，随着故事的悲欢离合，或高兴或叹息，或愤怒或

《春明外史》

悲伤，竟不能自已。且这一排队，就坚持了五年，不论风雨寒暑，天天如此。

张恨水不得不承认，他对《春明外史》《金粉世家》这两部作品也是极其偏爱的，写作时，可说是全身心的投入，字字推敲，不容偏差，下了苦功所写能得这般成就，总算不枉花的那一番心血。说到写《春明外史》的由来，张恨水也是有说不出的愤怒和无奈。原本“春明”是唐朝都城长安东面三门中的一门，后来作为京师的别号，《春明外史》讲述的是二十世纪二十年代北京的故事。那时的北京是北洋政府的首都，所谓“首善之区”，但在军阀、官僚、豪绅相互勾结把持下，一片乌烟瘴气，昏天黑地，官僚政客们声色犬马，酒肉征食，政治上腐败贪污，卖官鬻爵。而这在畸形的“歌舞升平”的另一面，则是穷苦百姓痛苦呻吟，衣不遮体，食不果腹，挣扎在死亡线上。然而歌舞升平下的血泪新闻北洋政府怎可能置之不理，但凡看到哪家报纸登载了揭露他们的消息，就会下令封报，而那个记者也会遭到杀身之祸，北京的繁华下增添一条人命。

但难道就看着百姓生活在水深火热之中，而揭露黑暗和真相的新闻记者就只能永远地闭上嘴巴歌颂升平吗？愤怒，忧心，真想狠狠地怒骂一场！不再多想，张恨水将当时的北京发生的故事写进小说，涉及的面非常广，人物也是三教九流，小说所讲的人和事真中有假，假中有真，既不指名道姓，可谓头头是道。由于人物写得栩栩如生，就有好事者乐此不疲地对小说中的人物开始了猜测，说魏极峰是曹锟、鲁大昌是张宗昌、秦彦礼是李彦青、闵克玉是王克敏、韩幼楼是张学良、周西坡是樊樊山、何达是胡适、时文彦是徐志摩、小翠芬是小翠花、幺凤是小阿凤等等。然而，这就是一部小说，并非新闻，正所谓的“纯属虚构，如有雷同，实属巧合，请勿对号入座”，尽管好事者越猜越像真，那些官僚军阀气恼震怒，然而名不正言不顺也奈何张恨水不得。

第十一章

《春明外史》讲的似乎是新闻记者杨杏园和梨云、李冬青的恋爱故事，可读者看了后，见到的却是当时官场上社会上各种千奇百怪的新闻内幕。由主角牵引到社会上，顺理成章，毫不牵强。这种以“社会为经，言情为纬”的写作方法，曾被读者们津津乐道，纷纷夸赞。张恨水谦逊地笑笑，在连载时，特意辟出一个小小的版面，向读者交代了他匠心独运的创作方法：“把这法子说破，就是用作《红楼梦》的办法，来作《儒林外史》，如此而已。”

这法子所表现的不只是一个文学创作的方法，更大的意义是揭露了当时的黑暗和血腥。小说所涉及的社会面非常广，可说是包罗万象：议会、豪门、剧场、公园、庙宇、名胜、公寓、旅馆、会馆、妓院、学校、通衢、胡同、大杂院、小住户、贫民窟、俱乐部、游艺场、高级饭店等等；人物更是三教九流无所不有，有总统、总理、总长、军阀、政客、遗老、遗少、文人、记者、商贾、演员、学生、妓女、议员、丘八、僧侣、作家、诗人以及拉车的、要饭的、练武的、流氓、骗子……这些人物，各有各的面貌，各有各的口吻，惟妙惟肖。

对于读者如此的归纳和赞誉，张恨水越发谦虚了，但也更加明白他这部作品所带来的社会意义，如此，也更加用心的将里面的每一个人物写好，特色鲜明，活如真人。正是因这人物写得栩栩如生，社会上竟然出现了一批好事者，不惜费心费力将书中人物对号入座。很多读者纷纷给张恨水来信，询问这些猜测的传言是否属实。其实小说究竟不是历史，它不必以斧敲钉，以钉入木，那样实实在在。《春明外史》的人物，不可讳言，是当时社会上一群人影，但只是一群人影，绝不是原班人马。

不过还有一些读者，硬说书中的主人公杨杏园是张恨水的夫子自道，而且言之凿凿，有鼻子有眼，这种猜测很快就在社会传开。张恨水好气又好笑，也明白读者有这样的猜测怪不得他们。不可否认，小说人物杨杏园的一些生活习性和他是相同的，喝浓茶、听京戏，喜欢写诗填词，不打牌、不喝酒，唯一的爱好是花。最有趣的一点是，他的身份是新闻记者，他老家是安徽潜山人，杨杏园身上也继承了他的这两个妙处。作为一个作者，张恨水不过是把自己的兴趣和性格特点，安排到了他喜欢的书中人物身上，但绝不可能把生活中的作者和书中的人物混为一谈。读者们的猜测，令他哭笑不得，有些读者为了好奇，纷纷写信到报社询问真假，左解释又右解释，读者仍不满意，且询问的信件一日比一日多。报社同事每每见到这些信件，便打趣张恨水，说他干脆承认算了。面对如此庞大的信件量，不得已，张恨水于一九二五年十二月三日在《世界晚报》发表《杨杏园无其人》，向读者作个交代。

《春明外史》的扬名和轰动，虽让张恨水盛名，实则他更爱读的是历史和诗词，很少看小说。张恨水后来跟孩子们也这样说："我的职业是记者，爱好是写小说，钻研的是辞章，要做的学问是历史。在《春明外史》，张恨水展露了他对诗词曲赋的才华，借杨杏园之手写来，那些诗词骈文对联等等，不仅与人物、环境、情节贴得十分恰当，还把情节气氛渲染得恰到好处，让人阅读之余，仍忍不住回味吟哦。读者们除了喜欢故事内容，心系人物命运，对于《春明外史》的喜好，自也是因里面的诗词曲赋，还有张恨水首创的九字回目的辞章。张恨水认为以前的章回小说，对于回目都不太考究，字数不一，辞藻也不典雅，而且回目又是这一章书的"书胆"，一副好的回目，往往起到先声夺人和画龙点睛之妙。张恨水的"九字回目"，由于辞藻要华丽典雅，辞章切合本回高潮，回目成上下联，平仄对仗，如此煞费苦心的创作赢得了读者的喜爱激赏，甚至在当时有一位叫郭竹君的读者，把《春明外史》的所有回目，全部用原韵和唱，投到《世界晚报》，那时《夜光》主编是左笑鸿，"唱和回目"如此雅事，可说是"空前绝后"。

张恨水的另一部百万著作《金粉世家》在出来前，他正在写的是揭露军阀内战暴行的《荆棘山河》，赤裸裸的控诉自是让军阀震怒，传出话来逼着张恨水收笔。没奈何，为了《世界日报》，为了他喜爱的《明珠》，张恨水不得不停止《荆棘山河》的连载。可是要让张恨水放弃控诉社会黑暗军阀冷血无情，绝不可能。最后，张恨水改用温婉讽刺的写法，却因此成就了《金粉世家》的巨大的成功。

这又出乎张恨水的意料，连载后又掀起读者的热烈追捧，纷纷赞誉，将张恨水推上了殿堂级的宝座，甚至在一九四一年还一

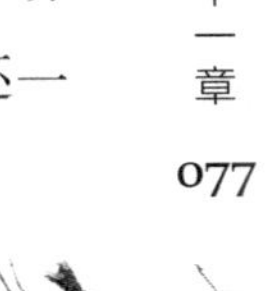

位名叫徐文滢的作者高度评价说《金粉世家》是“民国红楼梦”。《金粉世家》的重点是“家”，张恨水写《金粉世家》的初衷，是想通过那个钟鸣鼎食，世代簪缨的“金粉世家”，展示出北洋政府时期，豪门巨宦穷奢极欲的生活和奥秘，在“金”和“粉”的侵蚀下，在温情脉脉、天伦之乐的后面，则是狰狞丑恶的尔虞我诈，慈祥恺悌的面纱底下，隐藏杀气腾腾的金钱利害冲突，冷清秋的“齐大非偶”的悲惨命运，正是揭示了“高明之家，鬼瞰其室”，这个“鬼”就是“自作孽，不可活”的“孽”，同时它也由此“家”到彼“家”，反映了整个北洋政府上层社会的众生相。

由于写的是北京豪门，于是读者就又推测了，有的说是袁世凯家，有的说是钱能训家，众说纷纭，很是热闹了一阵。这跟《春明外史》的情形一模一样，《金粉世家》指的是当时北京豪门哪一

《金粉世家》剧照

家，可说是哪家是，哪家也不是。作品本就源于生活，高于生活，只是他对当时所有豪门的特征进行了一个艺术概括，提高生活和将生活典型化罢了。且说白了，《春明外史》走的本就是《儒林外史》《官场现形记》的路子，若说这路子是什么，大抵也就是隐蔵于上流社会的某种“黑幕”，这种“黑幕”在小说里体现出“善有善报”“恶有恶报”的正义能得到伸张的力量。可即便如此，能引起读者各阶层的广泛兴趣和追捧，张恨水在后来所写的《我的创作和生活》里说出了写《春明外史》的原因：“混在新闻界里几年，看了也听了不少社会情况，新闻的幕后还有新闻，达官贵人的政治活动、经济伎俩、艳闻趣事也有很多的。在北京住了五年，引起我写《春明外史》的打算。”小说里“黑幕”夸张似的描写，还有“影射”豪门军阀政治商界等等，在后来，张恨水也如此认为，这有些“野史”的味道了。

……

黑暗沉沉，张恨水满脑子都是往年的那些事，潮水般的记忆如决堤了般涌进这黑暗里，纷至沓来。

他听到儿子张伍在问他，要同时写《春明外史》《天上人间》《京尘幻影录》《金粉世家》等那么多长篇，难道不会乱吗？张恨水看到的只是一片黑暗，但儿子的声音清楚的传来，恍惚他回到了子孙簇拥的家里，看到他自己正在他奋力地伏案疾书，张伍疑惑好奇地正等着他回答。张恨水想要喊张伍的名字，却发不出声音，原来眼前的一切又开始黑暗起来。他听到了书桌旁的他自己的回答：“自己的小说怎么会乱呢？这都是我早已经就想好了的。谁也不会把自己家里人搞错吧？小说里的人物也和家里人一样。再说，几部小说我是分开写，今天写这部，明天就写那部。《春明

《京尘幻影录》

《啼笑因缘》

外史》《金粉世家》要天天写，我就把《金粉世家》列了一张人物表，写上这些人物的姓名、身份、性格，贴在书桌前的窗子上，写之前先看一遍，就不会错了。”

是啊，自己的小说怎么会乱呢？就像是家里的孩子，怎么可能会搞错呢？就像写《啼笑因缘》，根本就是缘起于20年代的一个真实事件。他永远都记得那天的事，也正因为亲身经历，才让他义愤填膺的把事件改编成小说，种种情节，仿佛身边人身边事，想要忘记，想要弄混搞错，根本不可能。那时候他还在北京《世界日报》供职，那天晚上，同事们邀约他到四海升平园去听高翠兰唱大鼓。就在那天晚上，高翠兰被一个姓田的旅长抢走了。同事们眼见着田姓旅长霸道蛮横，愤愤不平，直说军阀太强横。张恨水当时没说什么，心里却认为如果高翠兰非常不愿意，早就在田海升平园唱了很久大鼓的她何至于在那个时候才被田旅长看上，恐怕早就被骚扰恐吓多时了，一定是田旅长的某些条件满足了高翠兰的需求，所以才轻易地被田旅长抢去。果然几天后，一位同事做此新闻时弄到了一张照相馆里的照片，正是高翠兰和田旅长的新婚合影，高翠兰在照片上喜笑颜开，丝毫没有被强迫痛苦的样子。戏剧性的是高翠兰的父母根本把女儿看作摇钱树，高翠兰被抢后，他们不向田家要人，一味只要女儿的身价银子，只是要的价钱太高，双方最终没能谈妥。最后高翠兰的父亲一纸诉状将田旅长告到了法庭，由军事机关军法会审。宣判结果谁也没有料到，高翠兰的父母以为法庭会判田旅长支付巨额礼金，哪知以田身为军人，抢劫平民女子的罪名，判处有期徒刑一年。新婚就这样结束，高翠兰被迫回到父母身边，继续去唱她的大鼓，只是再没有了往日的光彩，听说还在家中哭闹不休，到底田旅长对她还

算不错吧。

张恨水对高翠兰事件深有感触，一直在心里构思如何写进小说。终于，《啼笑因缘》在《世界日报》连载了，这是他写的又一部才子佳人小说，讲述江南富家子弟樊家树与唱大鼓书的沈凤喜及平民侠女关秀姑、北洋政府财政总长千金何丽娜一男三女之间发生的一连串故事，演绎了一场啼笑皆非的《啼笑因缘》。这种多边角的情爱关系，也成为了《啼笑因缘》的卖点，在上海《新闻报》连载，整个上海轰动一时，可说是老少妇孺皆知。

《啼笑因缘》的成功，张恨水心里甚是惶惶。《春明外史》和《金粉世家》被读者热烈追捧，他心里是有感觉的，能感受读者的热爱和支持，庞大的读者群超出他的想象，也让他一直存着感激和感恩。可《啼笑因缘》却不一样，张恨水后来在《我的小说过程》一文中就曾如此表达了他对读者对《啼笑因缘》的盛情厚受的心情和想法："我作这书的时候，鉴于《春明外史》《金粉世家》之千头万绪，时时记挂着顾此失彼，因之我作《啼笑因缘》就少用角儿登场，乃重于情节的变化，自己看来，明明是博而约了，不料这一部书在南方，居然得许多读者的许可，我这次来，上至党国名流，下至风尘少女，一见着面，便问《啼笑因缘》，这不能不使我受宠若惊了！"

《啼笑因缘》受不受欢迎，从大量的读者来信便可看出。张恨水历来亲力亲为，每次给读者回信，无论多忙，他都要亲笔写信。曾有不少人劝他大可说出意思让旁人代劳，张恨水自是不肯，他表示亲笔写，不只是对读者的尊重，也是对读者厚爱的回报。可是读者来信太多，他哪里回复得过来，没办法，只好在报上来个总回复。有趣的是，在北平女师大念书的同学竟然联名写信给他，不为别的，竟只是想要知道他长什么样子，想要得到他的相片。拿着这封信，张恨水哑然一笑，拿纸笔回复道："你们喜欢看我的书，我感到荣幸，但是你们看了我的照片后，就会不喜欢我的书了，所以还是不登我的照片为好。"自然是不登的好，他不喜欢做公众人物，他希望人们关注的不是他这个人，而是他的作品。否则，人的面孔被人当小说看，实在是件很难堪的事！再说，他长相普普通通，真要形容，不过是带着点书卷气罢了。

不过有一点，也很有趣。在读者来信里，会有读者把书名写错，"因"字写成"姻"，变成了《啼笑"姻"缘》。实则"因"与"姻"，音虽然相同，而意义却大不相同。还记得张伍曾这样问过他，为什么要写作"因缘"，而不是"姻缘"？张恨水淡淡地笑了笑，他回答说："《啼笑因缘》并不是写婚姻的。因'因缘'二字，本是佛经中的禅语，社会上又把这二字移用，通常多作'机缘'解，意思是指十分巧合的机会。小说《啼笑因缘》，除了机会、机遇之外，还包含一种因果缘分，这是指社会上各种各样的人，在生活中错综复杂的因果关系，这个关系又让人产生了啼、笑、恩、怨、亲、仇交织的离合。"当然，他是没有跟读者去较真的，也不刻意去点出来。读者写错了便写错了，图的是阅读的快乐，至于其中的理儿他自己知道也就是了。故而在《啼笑因缘》发表后，有追捧的，有看不得眼红的，有骂有批评的，他从来闭口不言，似乎从来没听见过没看到过，如老僧一般淡定从容。拿笔杆子的人，总不能像泼妇一样市井骂街，可要他打笔仗他也不愿意。那么无聊的事，批评正确的他改正就是了。不对的，恶意中伤的，他坚信"事实胜于雄辩，只要书在就会说话。"

不过《啼笑因缘》火得一塌糊涂，张恨水对于三年来都不肯放弃潮水般涌来要求他写续集的读者信，是万般无奈，一一回复总不能够。不得已，他只好在报上发表《作完 < 啼笑因缘 > 后的说话》一文，他说，为了“不愿它自我成之，自我毁之”之故，“所以归结一句话，我是不能续，不必续，也不敢续。”虽然发表了不续写的态度，可由严独鹤、严谔声、徐耻痕三位熟识的好友组成的三友书社出版社，天天缠着张恨水写续书，最后他自己也没想到终于一九三三年续写《啼笑因缘续集》。起因只因那时因《啼笑因缘》的大热，涌出一大批形形色色的续书，且风马牛不相及，根本与原作无关。原本他是毫不介意，甚至懒得理会，反正他自己已经写完了，别人愿意怎么写就随别人怎么写吧。可是三友书社自然不肯把这块大肥肉拱手让人，越发对张恨水缠个不休，加之当时“九一八”事变激起了张恨水极大的义愤，高涨的爱国热情让他写出了《啼笑因缘续集》，让书中的主要人物都投身到抗日洪流中。这虽然是用心良苦的另起炉灶，但是对全书的结构和艺术性来说，还是不必续的。一九五四年再版《啼笑因缘》的时候，旁人或许觉得有多笔稿费收入的机会，不要白不要，张恨水却怎么也不同意出版续集。他后来多次的对张伍等孩子们说：“《啼笑因缘》是不应该续的，要想写抗日，可以另写一部小说。”

第十二章

沉沉黑暗中，张恨水听到有人在喊他，他懒得理会，因为他的眼前突然浮现出一幕幕光亮，那是无数演绎《啼笑因缘》的场景，有电影，有舞台剧，各种版本在眼前交错，他不胜感慨，嘴角扬起浅浅的笑容。“我的才子佳人梦永远都在，从以前到现在，到我思想和记忆无休止的每一刻，无论别人如何评价我的思想，是否半新，是否半旧。”张恨水喃喃地说着，痴痴地看着那些《啼笑因缘》的场景。

到底是他幸运，童年时代的无忧环境令他有条件的接触到大量的中外文学作品，祖父和父亲在世时对他的温暖呵护，也让他在作品阅读的同时令他对文学创作的热情与日俱增。童年就读于旧式书馆，便沉迷于《西游记》《东周列国志》一类古典小说。他最喜欢《红楼梦》，醉心于里面风花雪月式的诗词曲赋，倾心于宝黛才子佳人组合模式的爱情，尽管悲剧，却凄美动心。

一九一四年，十七岁的张心远用“恨水”这个笔名在苏州开始了他的第一次投稿，到一九一九年止的这段时期，年轻的张恨水心里怀着对才子佳人浪漫爱情的憧憬，创作的作品多以描写缠绵悱恻的爱情为主要内容，娱乐消遣的意味浓重。《青衫泪》和《南国相思谱》等皆是他这一时期的代表作，亦是鸳鸯蝴蝶派小说的代表作品。

此时的张恨水开始扬名，唯美浪漫的才子佳人故事以及后几年创作连载的《春明外史》《金粉世家》等作品风靡全国，倾倒无数男女，更令他名声大噪，但真正把张恨水推上顶峰的，却是涵盖了言情、谴责、武侠等元素为一体的长篇小说《啼笑因缘》。

小说在发表的当时，就有不少的电影公司纷纷表示要将其拍摄为电影的娱乐新闻，更令张恨水名动天下，声誉大噪。甚至想要将它改编成戏剧和曲艺的也不在少数，曲剧便是其中之一。作为当时是一个新兴的剧种，曲剧采用大鼓的曲调，运用北京话对

粤语片《啼笑因缘》剧照（1956年）

白，可谓独树一帜。二十世纪五十年代中期，曲剧改编的《啼笑因缘》在西单小剧场上演。剧中的女主角沈凤喜由当时曲剧的著名演员魏喜奎扮演。剧中主角是一个在旧社会以唱大鼓书为业的女子，用曲剧的形式表现，可以说恰到好处。曲剧《啼笑因缘》的成功演出，轰动了整个京城，人们口耳相传，至此，张恨水的名声可说是如日中天，即使不看小说的人也知道有个作家叫张恨水，就如同不看京戏的人也知道京剧大师梅兰芳。

除了“恨水”这个笔名，其实张恨水还曾有过另外一个笔名“愁花恨水生”，那是他第一次向《小说月报》投稿用的笔名。后来一九一四年张恨水在本家叔叔张犀草供职做独脚编辑的汉口小报做只需工作一两小时的“补白”工作，之后利用其余时间开始写诗发表。诗稿要署笔名，可那时的张恨水事业无成，奔波多年感受了不少炎凉势态，他感叹自己命运多舛，年华青春似水流逝般一去不回。想起父亲的教导，张恨水不想用“心远”这个名字署名，思索良久，他想起了记忆里抹不去的家里天井中那棵桂花树纷纷扬扬飘落的桂花，是如此的令人惆怅和痛惜。蓦地，他又想起他一直都很喜欢的李煜的那阙词的最后一句“自是人生长恨水长东！”，他抑不住激昂地反复吟诵这句，并郑重地在诗稿上写下了‘恨水’这个笔名。

然而，张恨水却不曾想到他的笔名竟会在有一天产生强大的诱惑力，被蒙上一层神秘而艳丽的色彩。

名人绯闻多，作为二三十年代国内最走红的作家，沉浸在张恨水小说中缠绵悱恻的爱情故事里的人们，对张恨水从作品的热情延伸到了对他的笔名的兴趣与猜测。感动连连之余，亦好奇“恨水，恨的是谁，谁是水？为什么别的不恨，偏要恨‘水’？”

20世纪二三十年代的坊间渐渐有了这样一个传言：说有张姓才子爱慕才女冰心，却无缘，遂于“自是人生常恨水长东”取名恨水，并常常叹气说：“恨水不成冰”。这里的冰，指的便是当时以大家闺秀而着称，随着《寄小读者》等作品的问世，同样声誉鹊起，名噪一时的现代女作家冰心。而冰心的笔名本源取自唐朝诗人王昌龄的《芙蓉楼送辛渐》诗句“洛阳亲友如相问，一片冰心在玉壶”。然而为了增加传说的真实性，当时一些旧时的小报甚至用张恨水的《金粉世家》中的冷清秋暗指冰心。虽然是无中生有，不过言之凿凿，且绯闻的娱乐性让人们津津乐道，作为茶余饭后的谈资，绯闻越传越真，以至于让许多人误解，以讹传讹竟几十年。

如此传言，莫说旁人，就连当事人张恨水亦感到好笑。

还记得在一九四二年他到重庆中央大学讲课，才刚讲完课，就有一位胆大的同学站起来当着众学生的面问道：“张先生，《红楼梦》里贾宝玉认为‘天地间灵淑之气，只钟于女子’，女人是水做的骨肉，男子是泥巴做的骨肉。张先生，您是不是与哪位小姐谈恋爱，不幸情场失意，所以才取名恨水呢？”

张恨水已不是第一次被人如此好奇询问他的笔名由来，如他预想中，那位同学的话一出，同学们立即哄堂大笑。他也不气恼，云淡风轻地笑着说：“我取名恨水，是因为喜欢南唐李后主的一首词《乌夜啼》。”顿了一下，张恨水朗朗上口地背诵起《乌夜啼》：“林花谢了春红，太匆匆，无奈朝来寒雨晚来风，胭脂泪，留人醉，几时重。自是人生长恨水长东……我喜欢这词中的‘恨水’二字，就用它做了笔名！”被他的气度和才华所折服的众人当即鼓起掌来，会场里掌声不断，热烈不止，张恨水反而有些不好意思了，频频致谢。

三年后，他又再一次解释了“恨水”的来由，那是跟毛泽东的一次精彩见面。正在重庆谈判的毛泽东百忙之中会见了张恨水，两小时的秘密交谈，毛泽东的雄才大略和风趣幽默让张恨水留下了深刻的印象。末了，毛泽东也询问起张恨水笔名的由来，张恨水对毛泽东心里又敬又佩，回答时哪能像面对学生那般幽默一把，他谦逊地说：“‘恨水’一名是我十七岁那年，在苏州第一次投稿时自己取的笔名，是从南唐后主李煜‘自是人生长恨水长东’中截取出来的。那时，我想人生有限，决不能让光阴如流水一样白白流逝，所以取这个笔名时刻自勉，珍惜时光。”这段在坊间流传的“张恨水向毛泽东细解名号”的故事，也跟“恨水不成冰”一样，为人们所津津乐道，张恨水甚至在他的《写作生涯回忆》中也回

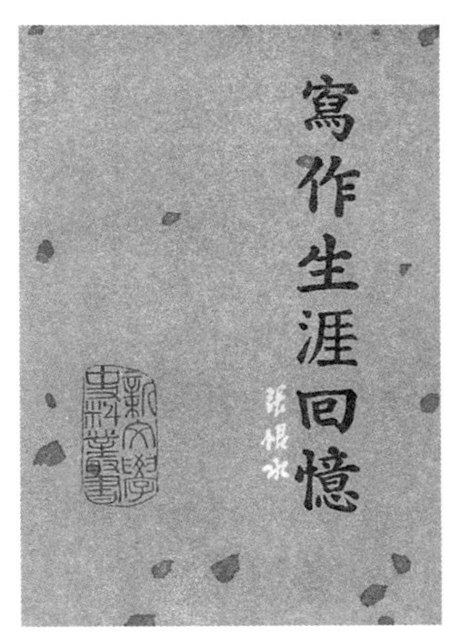

《写作生涯回忆》

忆了这段美好往事。

到张恨水晚年，谣传依然没有停歇。一次，相识多年的忘年之交徐京诏上门拜访，那天张恨水的兴致很高，跟徐京诏海阔天空的闲聊，由于他的脑溢血刚刚痊愈，多是徐京诏说话，他时不时地轻言两句，细语两声。见张恨水兴致不错，徐京诏抑制不住内心的好奇，欲言又止，或许是张恨水平心静气的情绪让他勇气倍增，他终于大胆地问他是否知道“恨水不成冰”的谣传。坐在院子里的那株槐树下，已是满头白发的张恨水颤巍巍地呵呵笑着说道：“那是牵强附会。我那时一天要写五六千字的小说，还要给报纸发通讯，哪有工夫想到这上面去？再说，谢女士的书我也读过，她是名门闺秀，我是百无一用卖文为生的人，压根儿就没有攀龙附凤之心！”这大概是张恨水唯一一次对绯闻的正面辟谣。

当时正好周南提了茶壶过来给他俩添茶水，听到二人认真询问，认真的回答，周南忍不住笑谑着插进话来，说：“哟，这都是几十年的旧话了，他的爱情不都写进小说里去了吗？如今人老了，那些谣言也该不攻自破了吧？”张恨水淡笑着回答：“传了几十年的谣言，我也解释了几十年，今日拿出来谈一谈，倒是有趣得很。”周南被逗乐，嗔怪地说：“还老不正经的，谈什么？”不等张恨水呵呵一笑，她自己倒先抿着嘴浅浅地笑了起来。

虽和冰心并不认识，然而张恨水的风流才子的天性还是在他的经历中表现出来。一九二八年到一九二九年间，青年张恨水认识了一位很有才华，留过洋、思想解放的富家小姐，两人一见钟情，十分相爱，然而到了谈婚论嫁的时候，富家小姐强烈地表示要张恨水与他的两个妻子徐文淑和胡秋霞离婚，她才愿意嫁给张恨水。虽然骨子里抹不去对才子佳人爱情的憧憬，但心地良善的张恨水认为，如果胡秋霞和徐文淑离开他，她们将失去经济来源，无法生活下去。于是忍痛挥剑斩情丝，毅然放弃了与富家小姐的感情。后来或许是示威报复，富家小姐与另一男子恋爱结婚，邀请张恨水一定要参加她的婚宴。张恨水接到婚礼请柬，答应参加，随后就叮嘱胡秋霞好好打扮一番，夫妇二人一同前往。婚宴摆的是西餐，原本富家小姐是想让市井农妇胡秋霞当众出丑，哪知胡秋霞在应酬中大方得体，用餐时左手持刀右手持叉，运用自如。回家后，张恨水忍不住捧腹大笑，说："婚宴摆西餐我没想到，也许是想出秋霞的洋相，哪里想到她竟是个'左撇子'，恰好救了急。"

不过好笑之余，张恨水心里也明白他的这个名字注定神秘而香艳，这个名字与无数缠绵悱恻的言情故事联系在一起，生动地演绎了风流才子与妙龄佳人的美丽传言。而且，无论他如何解释"人生长恨水长东"，恐怕这些谣传是要永远地传下去了。

其实，关于他名字所包裹的种种谜团，他自己也浑然不解，在同代作家中，他的笔名为什么具有如此巨大的诱惑力？

对于父亲充满神秘色彩的笔名，据张恨水的女儿张正回忆："童年时，我耳边总能听到这样的传闻：'张恨水呀，知道，专写言情小说的。''你爸是鸳鸯蝴蝶派！'还有人拉着我的手说：'噢！你是张恨水的小女儿呀，你爸为什么叫'恨水'呀？'恨水不成冰'的罗曼史你知道吗？'"

对于荒唐的八卦新闻，不止张正记忆深刻，甚至还有好事者问过冰心。冰心回答说："哪有这么回事，张恨水先生是前辈，我连认识都不认识，哪来恨水不成冰？"为此，冰心还在丈夫吴文藻先生文集的《代序》里，专门谈到了这件事以作澄清。

虽然冰心已经明确表示两人毫无干系，可仍然有人对此传言津津乐道。相信没有事实根据的传言，似乎也是那时候处在半新半旧时代的人们心里头和张恨水一样憧憬着才子佳人式的浪漫爱情的一种体现。

第十三章

《啼笑因缘》的场景还在黑暗中一幕幕闪过，刹那间的光亮仿佛一条时光隧道，将记忆里的人和事一次又一次的呈现。张恨水凝望着眼前的一切，依稀看到读者们欢喜地排队等待报纸的发行，依稀看到朋友们甚或是名流跟他的种种相处。

亲切感突然涌了上来，还有说不出口的激动，对他们来说他是大名鼎鼎的人物，甚至到今天读者们都对他拥有过的也是充满传奇色彩的光辉岁月。相反的，他重视愿跟他做朋友的每一个人，如今能在这沉沉黑暗中再次看到他们，幸福感立时涌了上来，突然有些想流泪的感觉。

其实对于他来说，自己只是一个写作者，不是什么大名人，大作家。《啼笑因缘》的轰动效应于他来说，亦是平淡如水，不必欢喜，故而各家电影公司争抢《啼笑因缘》的拍摄权所闹出的种种官司，跟他一点关系也没有，他从不干预，有趣的是也没有谁来问过他的意见。他这个《啼笑因缘》的作者，倒似路边闲人置身事外，只等着电影上映了去捧场便可。张恨水还记得最早拍摄《啼笑因缘》的电影是在一九三二年，由大名鼎鼎的明星公司拍摄，胡蝶、郑小秋、夏佩珍主演，在当时可说是大明星全上阵。

张恨水对于官司没有兴趣，也乐得不沾惹是非，但并非毫不关注。对于曾到家里来看望他和周南的胡蝶在这场官司里的新闻，尤其令他记忆深刻，感触也颇深。据传当时大华电影社的顾无为也要拍《啼笑因缘》，与明星影片公司又素有积怨，故而与后台老板黄金荣勾结，走门路，托人情，不仅取得内政部的《啼笑因缘》剧本著作权，又用高薪挖角的方法，将饰演刘将军的谭志远、饰演关秀姑的夏佩珍、饰演沈大娘的朱秀英等等挖走。因这些演员都接受了顾无为的定金，明星公司得知后，唯有让谭志远宿在公司内，剧组日夜赶拍。在演员当中，当时唯独只有女主角胡蝶不为高薪所动，坚持效忠明星公司。顾无为因此迁怒胡蝶，寻了机会，借她在天蟾舞台排演的新戏《不爱江山爱美人》以此坐实张学良在北京饭店与胡蝶跳舞行乐，不抵抗日寇侵占东北的谣言。之后，马君武发表了两首题为《哀沈阳二首　仿李义山北齐体》的七绝，有关张学良与胡蝶的绯闻在全国更是不胫而走。对二人有过接触的张恨水心里非常清楚，事实上张学良和胡蝶压根儿就不认识，所谓张、胡跳舞的消息，据传是当时的日本同盟社捏造的。如此歹毒用意，不仅报复了胡蝶，也折损了张学良的声誉，影响东北抗日的士气，当真是可恶至极。

张学良为人，张恨水从他跟张学良的交会，便可看出端倪。还记得在《春明外史》连载时，适逢张学良将军在北京，他素有每日备览北平晚报的习惯，颇为喜欢看《世界日报》上连载的《春明外史》。看后十分赞赏，非常欣赏张恨水的文采，竟自己找到张恨水的住处，做了不速之客。面对堂堂将军如此喜欢《春明外史》，张恨水亦感意外，两人交谈甚欢，张学良对张恨水大有一见恨晚之情，后来还萌生请张恨水去帮他的忙的想法，然而张恨水一向无意于官场，委婉拒绝，张学良只得遗憾地不再提及。两人的友谊却更加深厚。张学良在入关前甚至还请报界甚有名气的钱芥尘授意张恨水，请他以写《金粉世家》的模式帮他写传。可惜种种原因，终未能落笔。这不仅是张学良的一个憾事，也是张恨水的一个憾事。

后来，张学良被关押在息烽营，曾托人将他所写诗稿寄给远在重庆的张恨水。一九四六年张恨水在《新民报》刊发了两首张学良从狱中寄来的新诗，张恨水在导言中沉痛说道："客有从息烽来者，带有张将军新诗两首，真纯可喜，将军被羁十年矣！各方呼吁释放政治犯，将军甚至未被列归于政治犯之列，而谓以家法处之。十年来探视将军一家及其左右者，闻达百人。将军以钓鱼种菜为日常功课，晚间在菜油灯下读书精进。亦以此损害其目力，壮年之身御老花镜。将军之兵谏实为神圣抗战之直接动力。今日抗战胜利，而东北内战不已，将军积压息烽无以为力，其感慨将何如也！"

黑暗中，张恨水用力甩甩头。他敬佩胡蝶对明星公司的忠诚，敬佩张学良爱国忧民的军人豪气，可顾无为黄金荣那样的无赖痞子，他当真一点也不要留在记忆里。有一样却是记忆里一定要留存的，回头来看，无论当时或现在，当真是出人意料的事。但假如时光倒流，这件事他一定还会去做，且津津乐道，回味无穷。

事情还得从一九一九年的秋天说起。那一年，年仅 24 岁，已

有办报经验的张恨水，辞去芜湖《皖江报》的工作，踏上了北上的旅程。行前，盘缠不够，他干脆当掉皮袍，向一位卖纸烟的桂家老伯借了十元钱，匆匆搭上了津浦车。秋天的北京，正是一年中最好的季节，无风无土、水果飘香、枫叶遍红、不冷不热，令人舒服至极。踏入北京城时，天色已暗，前门楼的宏伟建筑，小胡同的矮房，带着白纸灯笼的骡车，留给张恨水这个江南人极为深刻的印象。他一下子就喜欢上了北京。三十年后，他仍然清晰地记得当时看到北京城第一眼的印象。

当晚，他住进宣外大街的安徽会馆。在清朝年间，会馆原是各省市同乡会为进京举子会试而设的免费“招待所”，进入民国后，这里就变成了为流落在京候差、找差人士不要钱的同乡寓所，并有为单身住宿者提供的廉价伙食。张恨水身上银钱不只有十元，自是选择了愿接待同乡并可节省很多银钱的安徽会馆。第二天，他运气不错，同乡王夫三向张恨水引荐了上海《时事新报》驻京记者秦墨哂，得到了《时事新报》的一份差事，只是月薪很低。初来乍到，人生地不熟，《时事新报》作为落脚地，对张恨水来讲已经十分幸运。秦墨哂也是看中张恨水的才华，随即预支了一个月的薪水给他。拿着钱，张恨水第一时间寄还了桂家老伯，身上只剩下了一块钱。就在那天晚上，他遇上了北京京剧界有一个盛事，即在被誉为“民国三大贤”梅兰芳、杨小楼、余叔岩三大名角的联袂演出。这可是千载难逢的好机会，于是张恨水在当晚毫不犹豫地将仅有的一元钱买了戏票，去听梅、杨、余三大名角的精彩大戏。张恨水后来把这件他引为平生得意之事常常提起，他还将这件事形容为“倾囊豪举”。

十九世纪二十年代的北京，优秀京剧演员大量涌现，一片繁盛局面，其中为张恨水所熟知的就有杨小楼、梅兰芳、余叔岩等京剧名家。梅兰芳演的《太真外传》，尚小云演的《摩登伽女》，程砚秋演的《红拂传》，荀慧生演的《丹青引》他都曾有幸目睹。张恨水自己也没想到他怎会对戏曲如此着迷，人与戏之间的缘分也如人与人之间的缘分，竟是如此妙不可言。

安徽潜山是张恨水的出生地，而那里正是“京剧鼻祖”程长庚与“武生泰斗”杨小楼的故乡。在当地，戏曲不只种类繁多，也非常繁荣，徽调、弹腔等剧种受到了村民们的极大喜爱。而每到农闲时，在农村或乡镇几乎每晚都会演戏，大大小小的舞台在各个村里搭建，村民们也在辛苦的每日劳作后享受夜晚的片刻安逸。张恨水的童年，除了享受阅读书籍带来的快乐和满足外，其他最大的娱乐就是看戏了。

只可惜人生事事无法完美，张恨水在上海期间，被梁启超誉为“四海一人”的京剧名角谭鑫培恰好当时就在上海演出，那时的张恨水既不出名也身上也没钱，虽然心里渴望着一睹谭鑫培的风采，然而他那时连吃饭都成问题，哪里有钱去买戏票。等他到了北京，谭鑫培已作古 3 年，张恨水为此抱憾不已，终是未能欣赏到谭鑫培的名家风采。

有时连他自己也不明白，自己对美有一种近乎狂热的偏执。在一九五八年的时候，梅兰芳率团在北京演出，那个时候梅兰芳大师的风采响誉神州，梅兰芳的戏票可说是一票难求。儿子张伍好不容易托人买到戏票，张恨水想也没想，就说不想去，让家里人去看。面对张伍疑惑的神情，他只能这样解释：“梅兰芳已经是 60 多岁的老头子，再演小姑娘恐怕是不适宜的了，我要留一个美好的梅兰芳在脑子里，所以就不要看了。”

北京安徽会馆

北京安徽会馆戏楼

《斯人记》

所以，到现在，他记忆中的梅兰芳仍是如此的完美。还记得为了看《霸王别姬》，他倾尽钱囊，花了十块大洋进到西单剧场，果然《霸王别姬》中梅兰芳的精彩绝伦的表演让他欣喜连连，名角舞台风姿在他的记忆里长久不灭。而他用“婉转依人”“令人回肠荡气”，这样的词儿用来形容梅兰芳的名家风采皆不为过。

而生活上中的梅兰芳亦是张恨水敬重的人物，他在长篇章回小说《斯人记》里用纪实的手法将梅兰芳及他的夫人福芝芳作为主人公，说他是一位“美男子”“为人和气，真有点西洋人文明风味”“挣这些个钱，不嫖不赌”，等等。在戏曲界，梅兰芳亦是洁身自好的人中龙凤，抗战中梅兰芳在沪蓄须闭门不出，为此张恨水还在重庆的《新民报》上对梅兰芳大力歌颂，说梅兰芳放弃艺术事业，告别了舞台，靠典当过日子，坚决不趋奉敌伪。张恨水

评价说“梅与读破万卷书的周作人相比那真有天壤之别”，指出他的行为给沦陷区民众一种启示：“正气与公道，一般的皆在人间。”在张恨水此时的眼睛里，梅兰芳不只是梅老板、梅名角，还是位正气凌然的民族英雄。

黑暗中忽然出现的梅兰芳在西单剧院的表演，还有他初到北京看得津津有味连声叫好热烈鼓掌的穷酸模样。那时候的他已不是傻小子，却做了疯狂的事，如此之豪举，可说是张恨水人生一大乐事。

第十四章

或许是从小跟戏结缘，日常生活、梦里梦外都有戏的影子，到得后来，连他自己也不得不承认他对戏曲痴迷，是个不折不扣的戏迷。若非如此，又怎会在写作中他的很多题材与人物都涉及戏曲、曲艺艺人的生活状况呢。比如《啼笑因缘》中唱大鼓书的沈凤喜，《天河配》中北京的著名坤伶白桂英，《满江红》中的女歌星李桃枝，《秦淮世家》中的歌女唐小春，《斯人记》中的戏曲艺人芳芝仙等，这些人物都跟戏曲有关，而表达的也是小说里戏曲艺人的艰苦生活和自身对命运的抗争的内容。就以小说《夜深沉》来说，原是京剧《霸王别姬》中“虞姬舞剑”的一段曲牌名，他将二胡琴曲贯穿小说始终，成为牵系男女主人公悲欢离合的纽带与情节发展的线索，因为小说的多数场景都是发生在深沉的夜晚，而他设定的小说基调根本就是黑沉沉的清冷悲凉。

也许是因为他已成为有名的作家，便比常人多了许多参加各种集会活动的机会，也正因为如此他才有此机缘经常与戏曲界人

士密切交往。既然有机会跟戏曲名人接触，张恨水不止经常看戏，还找机会向名家艺人学戏。作为资深“京剧票友”，他当然没有放过上台演出的机会。

最让人记忆深刻的两次表演当属《女起解》和《乌龙院》。《女起缘》的表演是在一九三一年，那个时候张恨水已是北平《世界日报》《世界晚报》的编辑。武汉水灾，北平新闻界为赈灾举行义演，在朋友的怂恿下，张恨水义不容辞地参加了演出，在压轴戏《女起解》中客串饰演了善良而又风趣的崇公道。张恨水的嗓门很高，声音如洪钟，往往未见其人，先闻其声。张恨水作为有名的小说家参加演出，其字正腔圆的发音，以及卖力的表演，再加上他的号召力，立时成为当时各家报纸的“头条”，一时成为美谈。不用说，崇公道成为了他的笔名之一，有趣之极。另外一次则是在一九三三年，一批新闻界人士为同业的母亲祝寿，在北平宣武门外大街江西会馆组织一次堂会，请了许多名角演出。张恨水欣然参加《乌龙院》的演出，扮演配角张文远。在小锣声中，白鼻梁，头巾紧扣脑门的张恨水一出场，满嘴安徽、江西味儿，顿时引来一片叫好声。剧中的插科打诨，即兴抓哏也离不开张恨水的精彩表演。演出中，阎婆惜问宋江：“张文远是谁呀？”宋江答道：“乃是我的徒弟。”阎婆惜却故意逗道：“我听你说你徒弟可是有名的小说家啊，你怎么没有名啊？”台下顿时一片哗然，笑声掌声不绝于耳。而台上的“张文远”走路却一瘸一拐的，且紧皱着眉头。下场后，别人问他怎么回事？张恨水这才边骂边笑地说：“真是岂有此理！因为我不懂后台规矩，有人恶作剧，在我靴子里放了一枚图钉，害得我好苦哟！”

黑暗中张恨水突然笑了起来，仿佛台下的掌声历经三十多年，又在他耳边响起，或是从来就没停顿过。一九四七年的新春，北平新闻界在“新新剧场”联欢，张恨水在最后一出《法门寺》中串演校尉跑龙套。那个时候他已是北平版《新民报》的社长，本来扮演头旗已经非常有趣，张恨水却还嫌不够尽兴，竟然喊着当时另外三个报社的社长一起粉墨登场。张恨水并不戴眼镜，那三位都戴了，为求统一，他便自己也戴上眼镜出场。于是，四个社长、四个龙套、四副眼镜，引得满场观众又笑又鼓掌，叫好不绝，气氛达到高潮。

而张恨水一开始的演出其实并不是这么顺利。在“文明进化团”时，他第一次粉墨登场演出《落花梦》中一个生角，大家都还觉得不错，就是觉得他说话太快，有些慌张，又是一口江西加安徽口音的“官话”，观众听得不太懂。不过他还是很幸运地在《卖油郎独占花魁》里演小生主角，想想倒也是得意有趣得很。

《卖油郎独占花魁》

或许是因为随着剧团到处走动演出，他有机会接触到三教九流各式各样的人，积累的生活素材令他在写作中得到了很大的帮助。世有因果，这大概也是他痴迷戏曲所得到的福报吧。

假如可以，他真的还想上台去演一演，咿咿呀呀来上一段，当真是人生绝妙之事。黑暗中，张恨水茫茫地想着，想要嚅动嘴唇，想要再唱上一回。他的热烈的心，一直都没停止。

其实，在他的爱好里，除了戏曲，还有绘画父亲从幼年起就迷恋上了绘画，念私塾的时候，就特别喜欢看课本上的插图。随着年岁的增长，这种迷恋与日俱增，张恨水不仅欣赏画，收藏画，自己有时也会也画上几笔。《芥子园画谱》是张恨水很喜欢的一套画谱，他曾花时间花精力全神贯注地临摹，为的，就是一份喜欢。张恨水就爱用“画卒”二字作为笔名，发表一些有关绘画的文章，煞是有趣。更有趣的是，在一次和好友的闲谈中，有的说他的散文比小说好，有的说他的诗比散文还好。如此争执难下之时，张恨水笑呵呵地打插说：“都不好，我的画好。”虽只是平息争执，不过好友们还是纷纷点头称赞。受他的影响，他的弟弟张牧野也学了绘画，擅长草虫，画蛇更是独步一时，在 20 世纪 30 年代颇有名气，办过个人画展，还出版过专着。在一九三一年的时候，张恨水在张牧野和一些朋友们的鼓励下，用他自己的稿费出资，创办了“北平华北美术专门学校”。校址在北平东四十一条 21 号，此处原是清末任光绪的军机大臣、礼部尚书兼总理各国事务衙门的裕禄府邸，院宇宽敞，花木扶疏，楼台亭阁，雕梁画栋，美轮美奂。而其中张恨水的校长室，更是全院的精华所在，真个是鸟语花香，绿树葱郁，可说是写作的绝佳环境。又因张恨水和

《芥子园画谱》

美术界的许多画家如齐白石、于非、王梦白、李苦禅等人都是熟得不能再熟的好朋友，在他的热忱请求下这些画家好友都答应来北平华北美术专门学校任教。齐白石和王梦白二人是素不来往的，因张恨水的情面和多年友谊，竟促成这两位美术大师在一校共事，成为当时美术界的一段佳话。

不止如此，张恨水为把“北平华北美术专门学校”办得更好，还特意聘请了他的老友，著名的语言学者、文学家刘半农为校董。刘半农自是欣然答应，而他在授课中，常常跟学生聊张恨水这个人，说他是“大小说家”，是“当今的小说大家”，还说他的成就“超过了李伯元、吴趼人，曾孟朴那些人”。

说起来，张恨水与刘半农和他的二弟刘天华认识并成为知己好友，还得从张恨水年轻的十七岁说起。在由戏剧家李君磐主持

的宣传新剧的文艺团体“开明社”到汉口演出的机会，年轻的张恨水经堂兄张东野介绍，加入了开明社。而那时刚二十岁出头的刘半农和他的弟弟刘天华也已从家乡江阴到此，并在开明社工作了一年，刘半农不仅常常参与编剧，还多次上台表演。可惜在汉口演出的时候，刘半农没能第一时间认识张恨水，只因他在中华书局找到了一份他喜欢的编辑工作，并且在《小说月报》《礼拜六》发表了大量的翻译作品和消遣小说。过了三年，刘半农离开了中华书局，后跟着几个朋友来到苏州，机缘巧合遇到了李君磐等开明社的人，在上海民兴社的力邀下，和春柳剧社以及笑舞台的名角，一起在上海民兴社在苏州阊门外办的一个剧场里同台演出。故此，刘半农又在开明社留了下来。如此到了一九一七年，张恨水要去上海帮忙营救张楚萍，因路费不足，只得先绕到苏州，谁知竟然在马路上遇到李君磐，在李君磐的力邀下，张恨水再次加入了开明剧社，这两位才子终于能够相互认识。

张恨水和刘半农一见如故，可惜苏州的夏天酷热，民兴社便决定放“暑假”，不得已为了生活，李君磐就又带着张恨水等剧社的一部分人到南昌谋生，也有一部分人去无锡演出，或是回上海。刘半农选择了回他的家乡江阴。虽只是短短的一个来月的共事，张恨水和刘半农的友情却长达十几年。刘半农不只是着有《瓦釜集》和《扬鞭集》的诗人，也是着有《半农杂文》和《半农杂文二集》的散文家，还是出版过《茶花女》《国外民歌译》和《法国短篇小说集》的翻译家，不仅如此，他还从事民间文学研究，编纂了《中国俗曲总目稿》；从事古典文学整理，校点过《香奁集》《西游补》和《何典》，另外还是摄影家，写有专著《半农谈影》。如此多才多艺之人，集许多“家”于一身，还被蔡元培夸赞为“有兼人之才者”的刘半农却在四十三岁英年早逝，可叹，可悲。张恨水在悼文里表达了他对痛失挚友的悲痛：“虽相见极疏，而交情甚笃。”

经由刘半农介绍，张恨水还认识了他的二弟刘天华，并且从刘天华那里学到了胡琴技巧，张恨水常常得得意地对张伍说：“我的月琴，是刘天华教的。”一九三二年六月八日，卓越的民族音乐演奏家、作曲家刘天华患病去世，享年三十八岁。

噩耗传出，震惊全国，张恨水哀痛之余写了挽联悲叹：“豪气动知己，或玉或金，为我曾弹天上曲；悲歌成谶语，斯人斯疾，问谁不恸病中吟！”《病中吟》正是刘天华的代表作，音乐非常凄苦，令人流泪，后人再听这首曲子时，难免感慨万千，泣不成声：谁料一病难吟，终于一瞑不视！到后来，张恨水也跟其他人一样，总在心里想为何刘天华会突然暴毙。多年后真相大白，他才知晓原来刘天华竟是到北京天桥地区收集锣鼓谱时，感染上了当时很难救治的疾病“猩红热”。刘家兄弟的英年早逝，令张恨水唏嘘，他的好友们一一离他而去，虽尚有其他友人相伴畅聊，可那些美好的青春记忆早已如逝水东流，永不再来。

至于另外一个好友，能够令张恨水念念不忘，令他一而再，再而三写诗作文追念的，唯有陈独秀一人。

陈独秀是安徽怀宁人，比张恨水大十六岁，两人虽为安徽同乡，但在一九三八年以前，张恨水和陈独秀两人却未曾谋过面。

一九三八年夏天，陈独秀参加了国民参政会的竞选落选，他主动竞选参政员，是想在参政会这个舞台上，公开揭露国民政府的种种弊端。然而国民党对这个昔日的死对头仍然耿耿于怀，不但不给他机会，甚至丝毫没有放松对他的监视。陈独秀郁闷悲愤，又难以排解烦恼。就在这时，张恨水在重庆《新民报》一九三八年六月二十二日的副刊《最后关头》上，发表了一篇名为《哀陈独秀——兼及高语罕》的杂文，对陈独秀送去了对他的宽慰和同情。张恨水言辞恳切地写道："敢以老乡资格，告陈、高两先生曰：当参政而能有补于国当参政可也。当参政而不能有补于国，抑或甚焉，则必不可当参政矣。不但此也，使不当参政而能有补于国，纵此次被选为参政，吾人亦断断然不愿二君之就聘也。虽然，以二君老战士，乃不能于同舟共济时操一把桨，亦可哀矣。"

其实张恨水很久以前就敬重陈独秀，在青年时代人就知道陈独秀其人，曾说："陈独秀为皖人，是吾同乡。"一九一九年在五四新文化运动达到高潮的时候，在上海的张恨水"亲眼看到许多热烈的情形"，回到安徽芜湖后，张恨水在《皖江报》上创办了介绍五四运动的周刊，还以芜湖人民的爱国行动为题材，创作了《皖江潮》。后来，张恨水听说陈独秀担任了北大文科学长，毅然

陈独秀

辞去《皖江报》总编的职务，只身奔赴北京准备去北京大学求学。只可惜因手头拮据，加上后来的种种缘由，张恨水没有实现去北大求学的想法，也再也没有这样的机会。

就在一九三七年冬，有人给陈独秀戴上汉奸的帽子，一时间闹得满城风雨。一直关注着陈独秀的张恨水怎能容忍陈独秀被人如此栽赃陷害的冤枉，他第一时间写了一篇《论陈独秀》的文章，发表在一九三八年三月二十五日的重庆《新民报》副刊《最后关头》上。在文章他写道："要说他是汉奸，那为天地间的公道而说话，我断言那是冤枉。"在文章末尾的一句话里，张恨水还表示了他的感慨："对任何人要加以打击，就把'汉奸'两字拿出来利用，这是一种不聪明的举动。"

一九三八年七月二日的下午，陈独秀和潘兰珍夫妇俩乘船抵达重庆朝天门码头。第二天晚上，张恨水特意与高语罕、周岳、张慧剑等报界同仁，在酒楼定了一桌酒席为陈独秀及夫人接风洗尘，这是陈独秀和张恨水的第一次见面。初见面他给张恨水的印象是："先生已六旬，慈祥照人，火候尽除。面青癯，微有髭，发斑白。身衣一旧袍，萧然步行。"对陈独秀而言，张恨水是一个家喻户晓、红遍中国的作家，且他认为，张恨水的通俗小说有积极的社会意义，与清末民初的鸳鸯蝴蝶派不可同日而语。陈独秀为安徽出了这样一位才子高兴，席间，他满是兴奋，"议论纵横，畅谈文艺"，抗战救国这个共同话题，令席间气氛一直热烈高涨。

陈独秀来重庆后，"门生故旧视为不祥物，无近之者"，张恨水却时常登门拜访，畅谈甚欢。一九三八年的八月初，陈独秀在重庆市区某街口，与张恨水不期而遇。陈独秀以物价高、重庆天

气闷热为由，跟张恨水说他要去江津定居，张恨水听了感到愕然。他知道，江津在重庆的远郊，沿江而上约九十公里水路，交通不便，消息闭塞，物质生活和精神生活都难与重庆相比。但张恨水心里也明白，陈独秀生活拮据是事实，但真正迫使他离开重庆的原因，是陪都的政治气候令他窒息。张恨水也不知该如何安慰，两人伫立街头足足叙谈了半个小时，握别一刻，陈独秀说："等亡了国，我就披发入山。"张恨水竟不知该如何回答，只得道："先生太消极了。"

到了江津后，陈独秀夫妇俩主要靠北大同学会的资助维持生活，也有亲朋好友的不时接济，陈独秀也偶尔的写写文章，换点稿费贴补生活。由于文章主要内容集中在民主与专制，战争与革命，以及和这两个问题相关的中国与世界前途问题，因而很多文章未能刊出，令这位昔日的文化领袖怅然万分。后来，张恨水在《新民报》编辑部见到一篇陈独秀未发表的文章，便与报社同仁畅谈该文。过了不久，张恨水在一九四二年一月二十日的重庆《新民报》副刊《上下古今谈》上撰文说："我们几个要笔杆子的后生小子，对陈先生的老境如此，是相当同情的。"在文中，张恨水一方面敬佩他的精神，一方面又劝慰他："陈先生那种知其不可为而为之，及有所不为的精神，虽都可佩服，但陈先生不也是一个文学家吗？便是仅在文字学一方面，也有他许多独特的见解。谈谈这个，也未尝不是对国家的一种贡献（也可以说是对人类），何必一定要说'那一套'？何必一定要做悲剧的主角？我们真不解陈先生何以把'五四'以来那番精神都用到政治上去了……听说陈先生健康大不如昔，而脾气还是这样大，我们为这位息影的老文化尊师，深为念惜。"

张恨水一直牵挂着陈独秀的身体，因高语罕也住在江津，如有事来重庆，他也会来编辑部坐一坐，张恨水便利用这个机会，向高语罕了解陈独秀的情况。一九四一年冬天，陈独秀因牙病从江津乡间来到重庆宽仁医院就医，住的是三等病房。这次陈独秀赴渝治病，来去匆匆，未惊动诸多好友。半年后，陈独秀还是去世了。张恨水后来才知道陈独秀曾经来过重庆就医，在得知陈独秀去世后，他一直很懊悔，为未能前往医院探视而深感惋惜。

定居江津后的陈独秀时常阅读《新民报》，张恨水发表在重庆《新民报》副刊《最后关头》《上下古今谈》上的短论、杂文、小品等，他都仔细阅读，自然也少不了发表在《新民报》上的《八十一梦》。作品中，张恨水通过对糖果、房价、船票、打牌、抽烟等重庆人们日常生活的描写，用一些荒诞不经的故事，揭露了重庆政治上、社会上出现的一幕幕丑闻黑幕。小说里，官吏大肆敛财不顾百姓死活，军官滥用武力走私贩私，剥削者醉生梦死歌舞升平，百姓哀鸿遍野食不裹腹……如此有针对性的作品，虽为人们所喜欢，可到底触动了一帮人的神经。

为此，陈独秀暗地里为张恨水捏了一把汗，因为他太了解独裁专制的国民党了。他对来看望他的朋友说："张恨水骂别人不要紧，骂'三尊菩萨'，恐怕要惹麻烦了。"陈独秀还为此特意写信给张恨水，表达了他的关心与担忧。果然不出陈独秀所料，张恨水负责编辑的副刊三天两头的被检查署删改稿子，有的干脆整篇都不让发表。到后来，甚至连他的往来信件都被拆封检查，行动也受到秘密监视，还有人到他家里打听他的情况。

后来，有一位国民党高官，也是陈独秀、张恨水的安徽同乡，

以宴请家乡人叙旧为名，邀请张恨水到他家里做客，委婉地对他提出了警告。这名高官名叫张治中，虽与张恨水交往不多，不过两人对以前的军阀、华北汉奸和日本侵略，都很愤怒，这“一文一武，皖江两张”的两人自是惺惺相惜，彼此尊重。张治中只要有机会去北平，总要抽出时间去拜访张恨水见上一面。那天张恨水正准备写稿，一名工作人员拿了一封邀请信给张恨水。粗略的看完信后，张恨水有些迷惑，却没有犹豫，当即随工作人员去见张治中。车子直接到重庆天门码头，连车带人上了开往嘉陵江方向的渡船，上岸后又穿过了一个又一个的山谷，最后车子终于在一座小楼前停下。

见到张恨水，张治中一张嘴满满的安徽乡音：“心远兄，别来无恙？”张恨水正在看客厅里的陈设，见张治中朝他说话，连忙笑着拱手说：“文白先生。”这声招呼后，便是满桌的家乡菜，更有张恨水最爱吃的咸鱼烧肉。一番寒暄后，张恨水也不客气，边吃边叙旧，聊兴欢畅。然而张治中话锋一转，谈起了《八十一梦》，表示他的一个朋友想要张恨水《八十一梦》的出版权，稿费是任何一家出版社的好几倍。甚至表示，可以让他去国民党政府任职，拿着部长的干薪，不用做事，只管写他爱写的小说。如此诱人的条件，张恨水愣了愣，想到最近一段时间他信件被拆封、陌生人上门查问等频频动作，心里已知张治中其意。他没有答应张治中的条件，也没有再写下去，只因张治中表示了当局一些人对他的不满，他还委婉地对张恨水说：“有人问你，是否想去息烽小住几年？”张恨水愣住了，“息烽营？”

息烽营是国民党军统特务机关专门关押共产党和爱国进步人士的地方，那是一座人间地狱，关在那里的人要么终身囚禁，要么竖着进去横着出来。张恨水作为报人，接触三教九流各色人等，他岂会不知息烽营是做什么的。没办法，在当局的高压和特务的威迫下，张恨水原本要写八十一个梦的长篇，只写了十四个梦便草草收场。他极其郁闷，却不得不屈服，后来，他在单行本楔子中表示，说本是写八十一梦，写的也是八十一梦，不幸被耗子咬残了，不能全部拿出来。这话极尽讽刺意味，他又在全书的末尾如此写道："本来在中国社会上，老早就把八十一这个数目，当了一个不能再扩充结果的形容词，所以有这么一句话：'九九八十一，穷人没饭吃。'人生大事，莫过于吃饭，更莫过于穷人吃饭。九九八十一，既可以做穷人吃饭的形容词，正也可以做我那梦境中的形容词。"

陈独秀去世后，张恨水第一个写文章《陈独秀自有千秋》痛悼陈独秀。他在文中写道："在报上看到陈先生的噩耗，我们这些久栖山野的逃难文人，真有说不出的一种辛酸之味"，"令我想到他身后萧条，是不堪形容的"。他还写道："在学说上论，陈先生是忠诚的，虽不能说他以身殉道，可以说他以身殉学。文学暂时不值钱，而学术终有它千古不灭的价值。我们敬以一瓣心香，以上述一语，慰陈先生在天之灵，并勉励许多孤介独特之士。"一个月后，张恨水又写了一篇《吊陈独秀先生》。文章说："陈仲甫先生死一月了，生前凄凉，死后也就寂寞。……我们不害政治病，也不怕人家说恭维倒霉蛋，佣书小闲，作小诗以吊之。"张恨水还写了六首绝句，写得悲怆凄切，诉尽人间世态炎凉，是对陈独秀后半生的真实写照。在两年后，张恨水又写了一篇回忆文章：《陈独秀之新夫人》，记述他与陈独秀夫妇初识的情景。文章的结尾写道："先生家无担石储，更鲜儿女。新夫人近况如何，不得知。"

表露了张恨水对陈独秀未亡人的担忧与牵挂。

重情重义的张恨水在陈独秀去世四周年前夕，虽已迁居北平，整天忙于报社事务与小说创作，但他仍然不忘挤出时间写一篇纪念文章《怀独秀山民》，表达了他对陈独秀的怀念与崇敬。

第十五章

在张恨水的生命中，跟他有过交往的，不乏社会名流，贩夫走卒，可谓的三教九流的人，都和他有过照面，有过深厚的友谊。在这里不能不提到对他最多关怀，并对他有过极为中肯、公正评价的周恩来。

以《春明外史》《金粉世家》和《啼笑因缘》引起文坛轰动，引发读者追捧的张恨水，尽管他一生中写了近百部中、长篇小说，但他大半生却一直在从事新闻编辑工作。

在抗战初期，《新民报》从南京迁川，并于一九三八年年一月在重庆复刊，张恨水就在该报编辑副刊。当时《新华日报》也迁到重庆，两家报社社址相距不远，周恩来很关心《新民报》，因为郭沫若与《新民报》负责人陈铭德、邓季惺伉俪为挚友，所以特地向郭沫若询问了《新民报》的有关情况。那时《新民报》遭到日寇飞机轰炸，损失严重。《新华日报》得知后，曾派人送去罐头、火腿、饼干、香烟等大批物资进行慰问，而《新华日报》职

新民報

華震洗染廠
業已開幕!

戰事結束天下太平

四强接
日皇

1945年8月12日出版的《新民报》

工宿舍也曾遭受过敌机轰炸，两家报社患难与共，互相慰问，同仇敌忾，关系是很密切的。在一次谈到《新民报》的编辑方针时，周恩来指出："你们要像《新华日报》那样写大块文章是不可能的，是不是可以通过文艺、社会新闻、副刊来搞一些东西，影响也很大。"这一指示给《新民报》的同仁指明了编辑方针，为后来《新民报》和《新民晚报》的发展奠定了基础。

一九三九年六月，蒋介石制造了"平江惨案"，全国哗然。张恨水对这种"同室操戈"的暴行悲愤万分。当时董必武将讣告寄给赞成团结抗日的各界进步名人，张恨水也收到一份，他当即写了一副沉痛的挽联："抗战无惭君且死，同情有泪我何言"，请人亲自送到董必武手里。次日新华社刊发各界名流的悼念诗文，第一篇是邵力子老先生的，第二篇便是张恨水的那副挽联。这些诗文在当时影响很大，周恩来对张恨水的正直和文笔正是由此有所了解。

张恨水在当时除办报之外，一直热血沸腾地创作抗日题材的小说，如《虎贲万岁》《东北四连长》《巷战之夜》《潜山血》《游击队》《冲锋》《敌国的狂兵》等。但是，国民党当局却很反感，如张恨水写《前线的安徽，安徽的前线》，因触犯安徽当局，尚未登完，即被“腰斩”。在重庆写《疯狂》，也被重庆当局的“新闻检查”百般限制。张恨水一直以无党派自居，但饱满的爱国热情令他一直坚持抗战爱国的创作，周恩来了解张恨水的正义感和爱国心，一直把他作为进步作家来交往，他所领导的《新华日报》也一直关注着张恨水。国民党当局对张恨水伸出黑手，《新华日报》却热心支持张恨水创作有关游击队题材的小说。当时张恨水缺乏生活素材，他要求搜罗一些有关资料。《新华日报》资料室虽然为非公开借阅单位，但对张恨水先生的要求却无不答应，允许他任意索看有关文件。张恨水看了有关八路军、新四军开展游击

《虎贲万岁》

战争的大量资料，非常感动，同时也非常感谢《新华日报》提供的帮助。

一九三九年底，张恨水的中篇小说《八十一梦》开始在《新民报》连载，小说得到了周恩来的高度赞扬。由于当年的“新闻检查”，他下笔要受到很大的掣肘，为了使自己写出的东西避免“登不出去”就使出了“寓言十九，托之于梦”的手法，写了《八十一梦》。

一九四二年的秋天，张恨水和报社同仁想向周恩来请教时局的发展，周恩来欣然应允并约定了时间。那天晚上，大家都在(新民报)负责人陈铭德、邓季惺家中恭候周恩来的到来。当时重庆秋雨绵绵，陈家门口小路上狭窄而又泥泞，且无路灯。主人有些担心，便打着电筒去街口迎接。不一会儿，周恩来到了。他穿着一身朴素的中山装，微笑着与大家一一握手。周恩来与大家谈了时局发展等问题，在谈到国民党新闻检查制度时，他特别提到了张恨水和他的小说。他风趣地对张恨水说：“同反动派斗争，可以正面斗，也可以从侧面斗，我觉得用小说体裁揭露黑暗势力，就是一个好办法，也不会弄到开天窗。恨水先生写的《八十一梦》，不是就起了一定的作用吗？”

由于国民党的阻挠，张恨水迫于压力不得不停止《八十一梦》的连载。尽管才刊登了十四个梦，但这部小说后来仍然出了单行本，而且延安也及时予以出版发行。对于延安出版《八十一梦》，张恨水一直感到欢喜和光荣，特别是这次听到周恩来的鼓励和肯定，他更感到亲切和莫大的鼓舞。周恩来对张恨水的称赞，令报社同仁羡慕不已，老同事张友鸾常常大发感慨，说道：“真是一字之褒，宠逾华衮之赠啊！”

由四川人民出版社出版的《八十一梦》

张恨水曾任“抗敌文协”的第一届理事，也是“新闻协会”的监事。一九四四年，两个协会打算联合《新民报》成都分社、重庆分社，相约在成都和重庆分别为张恨水举办五十岁寿辰暨三十年写作庆祝活动。一方面是处于战时，另一方面，是张恨水极力反对，这个特殊的活动最终没有举办。庆祝大会虽没能如期举办，可老朋友们也没闲着，许多报纸还是发表了文章为他庆祝和纪念。

张恨水生性淡泊，平素深居简出，一向不愿在人群中露面，像这样的庆祝大会更是避之唯恐不及。旁人或许不明白不过是借大会形式，众人热闹罢了，却哪里晓得张恨水心里的别扭。举一个例子来说，有一次他到银行去取稿费，柜台里的小姐看了名字后，并没有马上办理取款，而是望了张恨水好几眼，还对另一个女同事说：“喂，你看，这就是张恨水！”那女同事马上抬眼瞧

来，被两个小姐一看再看，弄得张恨水面红耳赤。后来他对人说及此事，无奈地说道："一个人的脸，被人当作小说看，的确有些不好意思。"

由于张恨水不愿"脸被人当小说看"，和他的坚持拒绝，在他寿辰的前一天，《新民报》社的同仁便想出了请了张恨水一家到重庆的西餐馆吃饭的提议，以此作为庆祝寿辰一个方式。张恨水已拒绝了大会纪念活动，再要拒绝就餐，就太不近人情，最后只得答应。周南又是高兴又是担心，也不管张恨水如何乐呵，她认真地一次又一次的教孩子们如何使用刀叉，她的认真劲把张恨水逗乐了，只说都是相处日久的同事，并无外人，不必如此拘谨。周南却认为，她和孩子们应该给他长脸，况且学习使用刀叉也是一个很好的机会。在张恨水的坚持下，从南温泉进城后，全家真的只吃了一顿西餐。不过，张恨水再拒绝，也无法将好友们都赶出家门。回到南温泉后，才刚进家门，张友鸾、张慧剑、赵超构、马彦祥、方奈何、万枚子等和张恨水私交甚厚的老友们便表示要热热闹闹的给张恨水庆祝生日。张恨水苦笑着望向周南，周南却俏皮地耸耸肩，脸上则满脸笑容。这可是几十年老朋友，张恨水那小小的陋室顿时热闹无比，笑语连天。

令人感动的还有很多，不止老友和报社关心他，就连许多素不相识的读者，得知消息后纷纷赶到《新民报》社，要求参加庆祝活动，甚至礼物和红包都有。张恨水惶恐不安，一律婉拒，连连感谢，只说面对如此盛意深情，已是读者赠送给他的最珍贵的生日礼物。事后，为表答谢，张恨水在《新民报上》发表了《总答谢》一文，还用"桃花潭水深千尺"来形容朋友和读者对他的情义和给予的厚爱，表示了深深的谢意和感激。

就在五月十六日那天，有好多人告诉张恨水，说《新华日报》发表了有关他生辰纪念的消息，还配发了短评，但作者未署名。张恨水连忙找来细细读了一遍，又读了一遍，很受感动。他完全没有想到那短评会给他那么高的肯定和评价。有人说短评是周恩来写的，因为周恩来一直都很看重张恨水以及他的作品的影响力。张恨水是相信的，但他从来没有向周恩来求证。

一九四九年春天，张恨水突患脑溢血以致半身不遂，为治病家人支出了昂贵的医药费，那时全家十几口人的生活开支全靠张恨水的稿费，他生病也就断了经济来源，家庭生活顿时陷入困境。就在这窘迫的时候，恰好周恩来派人来看望张恨水，才知道张恨水的病况。周恩来赶紧指示政府对张恨水的生活做了妥善安排。有了政府和周恩来的关怀，张恨水没有了家庭生活的后顾之忧，再加上医院的精心治疗和家人的关心照顾，张恨水安心养病，身体恢复了健康。

张恨水本是无党派人士，却因他自抗战以来一直全力大声疾呼抗日救国，并写了大量有关抗战题材的作品，加上他不涉官场、正直自好的人品，故而一直受到周恩来的尊重。两人并不常见面，见了也只能借用少许的时间聊一聊，却能够互相欣赏和关心，正所谓的君子之交淡如水。

而和张恨水神交的还有一位，正是当时在重庆谈判期间，抽空跟他“秘密”谈了两个多小时的毛泽东。

张恨水记得是在一九四五年的秋天，当时报童满大街地喊着“号外！”，重庆的各大报社也都刊登了中共毛主席到重庆的消息。张恨水知道此次谈判是周恩来陪着毛泽东前来。他心想着很久没见周恩来了，如有机会得好好的叙上一叙。过了几日，张恨水便有了跟周恩来见面的机会，但他没想到竟有机会跟毛泽东见面。起因倒很简单，《新民报》是进步报纸，和《新华日报》的关系也很好，在周恩来的陪同下毛泽东接见了《新民报》的部分工作人员，包括张恨水。毛泽东依次与大家握手，和张恨水握手时毛泽东微笑着说："张先生，久仰了！"

就在前一年，同事赵超构随中外记者团访问延安，一天晚上，张超构与毛泽东坐在一起看戏时，无意间谈起张恨水写的《水浒新传》，毛泽东说："这本《水浒新传》写得很好，等于在鼓舞大家抗日。"后来，赵超构从延安回来后兴奋地跟张恨水提起毛泽东对他的《水浒新传》的评价。那时，张恨水只是觉得毛泽东是个读书广泛知识渊博的人，待这次见到毛泽东，他才觉得毛泽东有一种气魄，举手投足很不平凡，真英雄当是如此。

过了两日，周恩来的秘书打来电话，说明天下午有个活动请张恨水务必参加，秘书千叮咛万嘱咐，告之他时间和地点。地点是周公馆，张恨水知道路，就说自己去，秘书则说有车会去接他。在以前张恨水就参加过无数次类似的活动，无非是座谈会之类。如在平时，他有可能会因心情或是别的事务，就推脱不去了。今次他很高兴地接受了邀请，毕竟能见周恩来的机会很难得，且也可以从他那里得知毛泽东的一些近况。

待到第二日下午，周恩来派来接他的车子将他接到了周公馆。才一进门甫见周恩来，周恩来就笑着告诉他说："毛主席要见你呢！"张恨水他知道周恩来口中的"毛主席"指的便是毛泽东。他不敢相信，还以为这次活动是周恩来要见他叙聊。周恩来仿佛看到张恨水眼中的不敢相信，便又说道："张先生，毛主席要单独见你，我都不能陪呀！"张恨水终于回过神，又是兴奋又是紧张地说："毛先生日理万机，何以单独见我？"周恩来笑着说："张先生，据我所知，毛主席这次到重庆还没有单独见过那一位呢，前几天，徐迟、马思聪二位也是一起会见的，你一定要和毛主席好好谈一谈呀！"说毕，周恩来就带着张恨水去毛泽东的卧室兼办公室，毛主席正在拿笔写着什么，见到张恨水进来，他站起来握手，边笑着说"请坐"，随后周恩来就关门出去了。

坐下后，毛泽东便笑着说："你的名气并不比我小呢，我不仅看过你的书，也常在报纸上看你的连载小说。"接下来，两人畅谈了两个多小时。对于此次畅谈，张恨水闭口不言，后来也不在报上发表回忆录。对他而言，和毛泽东的一次见面是难得的珍贵记忆，且当时国难当头，毛泽东日理万机，多少敌人在暗中虎视眈眈的盯着，他若发表了回忆录，且不论谈的是什么，都会被敌人当成发挥的素材。故而但凡有人问他，甚至是女儿张明明问谈话是什么内容，张恨水都只这样回答："主席说的是关于怎么写爱情的问题。"临别的时候，毛泽东还拿出早已准备好的礼物送给张恨水说："这是我们延安自己生产的呢料，送给先生。这是我们陕北特产小米、红枣，送给夫人和全家尝一尝。"张恨水很感激也异常兴奋，回家后还颇有几分神秘地对周南说："这是延安的小米、红枣！"并立即让周南熬成粥让全家分享。他还激动地对周南说："毛先生有渊博的知识，是了不起的人物！"

不止如此，有一日周恩来的秘书拿来一封函件交给张恨水，秘书压低声音说道："这是毛主席的一首近作，是交给周公转送张先生的。"紧接着秘书又说："毛主席让周公捎话请张先生奉和一首。"张恨水打开一看，是一首《沁园春》咏雪词，拜读之后，张恨水深感震撼，那种非同凡响的磅礴气势和气魄，令他震惊不已。

他再三拜读，觉得是不能奉和的。这首词的那种气魄、那种情感是无法类比、无法言传的，他如何和的了呢！张恨水反复考虑，终于决定公开发表，让世人知道毛泽东有着怎样一种非凡的气魄和情感。一九四五年十一月十四日《新民报》副刊全文刊登了毛泽东的《沁园春·雪》，第二天《新华日报》予以转载，立时轰动山城，传遍全国。

后来在一九五五年的春节，全国政协组织春节团拜会，张恨水受到邀请，并得到毛泽东的接见。这是张恨水自重庆一别十年年后再次见到毛泽东。因为是旧友重逢，所以张恨水并不感到拘谨。毛泽东关切地问他："为什么不见你的新作？"张恨水回答说："一来生病多年，二来对工农兵生活不熟悉，恐怕难以胜任。"没过多久，就有工作人员联系张恨水转达了毛泽东的意见：为工农兵服务，不能从字面上理解，老作家还是要写自己熟悉的题材。

张恨水心里也明白，他自新中国成立后因为生病确实未写过产生社会影响的新作，只是根据民间传说写过《梁祝》《白蛇传》等历史小说。听了毛泽东的意见后，张恨水自然在写作上就不会有什么负担，后来他创作了《孟姜女》《孔雀东南飞》《记者外传》等共 8 部中、长篇小说，还写了不少讴歌祖国新貌的散文诗词。

第十六章

“北国风光，千里冰封，万里雪飘。望长城内外，惟余莽莽；大河上下，顿失滔滔。山舞银蛇，原驰蜡象，欲与天公试比高。须晴日，看红装素裹，分外妖娆。江山如此多娇，引无数英雄竞折腰。惜秦皇汉武，略输文采；唐宗宋祖，稍逊风骚。一代天骄，成吉思汗，只识弯弓射大雕。俱往矣，数风流人物，还看今朝。”

黑暗里，张恨水不由自主地念起了《沁园春·园》，那些令人激动的回忆潮水般涌来，仿佛他跟周恩来在《新民报》负责人陈铭德家中畅谈时事、周恩来风趣评价他的《八十一梦》的场景似在昨天，仿佛毛泽东和他单独见面畅谈两小时是刚刚才发生的。

他这一生与戏曲结缘，与报人身份结缘，与写作结缘，是上天厚待他，才能让他有痴迷娱乐的戏曲，才能凭借新闻记者的身份接触社会的各个层面，时事、生活、政府、百姓……黑暗腐败、凄苦无助、民不聊生、战火纷飞……而在这些或见闻或亲历或感

慨的沉淀跟积累中，他方才能够写出人们喜欢的作品出来。且他莫大的幸福，便是拥有一张书桌，伏案疾书数小时不觉疲累，反而欢愉。在这数十年的写作岁月里，不管旁人如何定义他是“鸳鸯蝴蝶派”，又或者蒙老友张友鸾为他“翻案”，说他是“章回小说大家”，他都从不去纠结，只专心的写作，专心地沉浸在文字的世界里。

对于他来说，他的这一生都用于办报上，职业是“报人”，副业是“写作”，写小说虽说是他养家糊口的主要收入来源，可也是他这一生的主要“休闲娱乐和消遣”。作为一个半新半旧的人，他在写作上也不是一帆风顺，也有痛苦和困惑，甚至是迷茫。虽然他的作品曾被打上“鸳鸯蝴蝶派”“陈腐四旧文学”等标签，但不论是前期才子佳人式的小说，还是后来的充满讽刺意味及现实主义色彩浓郁的作品，能得到读者的欢迎，能被认可和喜欢，就已经是他在写作中最幸福快乐的时候了。

张恨水自己也不明白，他只是认真地想讲一个故事罢了，却能得到读者的热烈追捧，着实是意外，不胜惶恐。排队于报馆前等候每日的报纸出版的读者们只为要在第一时间阅读小说，如此痴迷倒跟他痴迷戏曲一样，说不出为什么，总之就是喜欢了。事实上，他只是一个普通的作者，并非什么名人，也非有何传奇经历，就普普通通的生活在人世间的一个报人而已。

不过他也确是奇特得很，黑暗里张恨水忍不住微微笑了一下。想他在十三四岁，竟自命为小才子，亲自扫抹桌子，布置了一间书房，还用小铜炉焚好一炉香，然后就作起了斗方小名士来。在他十五岁的时候，家里又聘了一位姓徐的先生教他读书，且那徐先生还是徐孺子的后代，尽管古板的徐先生没教会他什么，但徐家家传不应科举不做官的作风，却给了他一个很深的印象。加之张恨水一直鄙视传统的读书做官的说法，“一直种下我终身潦倒的根苗”，后来他在《我的写作生涯》中诚恳地如是说道。“流自己的汗，吃自己的饭”，“不用人间造孽钱”，他也一生都在坚守。成名后劝他改行入仕途的友人虽然很多，但他从来没有动摇过信念。现在回过头来看，张恨水为自己自豪，坚持的会永远坚持下去，亦如信念，亦如写作。

可惜他并不能完美的在写作道路上一路驰骋，一九四九年的五月下旬某一日的傍晚，吃过晚饭，他兴致极好的给两个儿子张晓水和张二水补习英语，哪知大脑突然眩晕，话也说不清楚，口齿完全不伶俐，甚至张嘴都困难。感觉到自己强烈的不舒服，他放弃了对两个儿子的补习，打算回床上躺着。可是走路都是摇摇晃晃，几欲摔倒，头更是晕眩得厉害，张晓水和张二水见到他如此吓了一跳，赶紧来扶他去躺着，才躺下去，他就什么也不知道了。再等他睁眼醒来，已经是几天后了。后来他病好了，才知道原来自己得了脑溢血，病发时除了周南，家里人都已经不认识。也幸好周南沉得住气，在全家人惊慌失措的情况下，她果断地打电话请跟他有十年交情的张大夫来诊治，然后家人火速地在第一时间将他送到离家近也是在当时条件最好的中央医院。医生说幸好送得及时，也抢救及时，因他已是生命危在旦夕，随时有可能停止呼吸。可是他虽然醒了，说话还是困难，生命仍然有危险，而周南不辞辛劳地照顾他，完全不顾及自己怀有三个多月身孕的身子，昼夜照顾，擦洗他的身体，端屎端尿……那时候，他一心想着他一定要好起来，绝不能让深爱的妻子这样受苦。老天有眼，他竟然奇迹般的活过来了。医生说，是他坚强的意志战胜了死亡的威胁，但他要说，是儿女的关心，是妻子的精心照顾，是家人的爱帮他战胜了死亡的威胁。

因为他的陡然病倒，全靠他的笔杆子维持生活的经济来源的断绝了，再加上平时没有攒下什么积蓄，为了给他看病和家用，周南瞒着他变卖了她全部首饰。

对于他的这这场大病，在后来家人们说虽说跟他一生伏案挥毫、绞尽脑汁有关，但埋下病因的却是他的“辞职《新民报》”事件有关。不可否认，他沉默木讷，憨厚老实，不善处理人际关系，更不懂得报社内部的权力之争。所以对于总社派来的副经理曹仲英和总编辑王达仁，他没有做好协理、经理的“本分”，他应该谦虚地请辞这个影响总编辑和副经理权威的职位，本本分分地当个写作者就行了，可那时候不明白，结果是他黯然离开了自己一手创办的《新民报》，可叹在北平解放不久的一九四九年的春天，王达仁用三天的时间在《新民报》上发表长文，说他是“国民党在新民报的代理人”，给他捏造了许多莫须有的罪名。或许正是因为他当时无法接受王达民的栽赃冤枉，而他又不善辩解，才令他耿耿于怀，郁结于心，终于化郁为病，身体承受不了才骤然生病的吧。后来真相终于大白于天下，迫于社会压力王达仁亲自登门向他赔礼道歉。他总算病好了，还能说什么呢，他微笑着接受了道歉。现在想来，仍然是，接受道歉吧，纠结记恨没有意思，过去的便让它过去。

不过有一点，却是有些遗憾，这一病身体虚了很多，记忆力也大不如前，写作亦有些不如意。闻听此讯后，政府和周恩来对他给予了无微不至的关心和照顾，文化部还将他聘为顾问。有了固定工资，他的家庭生活也有了基本保证。与此同时，老友们也给他送来无私的援助和深切的关怀，《亦报》和《大报》是上海有名的报纸，特意将他的《五子登科》旧稿连载，如此他能得到一些稿费。那时《亦报》在连载《五子登科》时将其易名为《西风残照图》，但这篇小说他在病前并没有写完，报社又不希望小说连载到一半中止，偏偏他尚在病中根本无法执笔，仗义的左笑鸿主动无条件地将书续写完结，直到一九五六年有出版社要出《五子登科》的单行本时，他才恢复了写作能力，便又重新续写。发了稿费后，他特意叫儿子张伍带上一笔钱去交给左笑鸿，当作酬谢他在他病中的帮助和友谊。可惜左笑鸿无论如何也不肯收，万般无奈，他也只有请左笑鸿去西单商场楼上的西餐厅吃了一顿西餐，算作答谢。

在他中风的那段时间，他说话咬舌不清，行动不便，手不能

由北岳文艺出版社出版的《五子登科》

抬，如雕像一样的只能躺在床上，看着周南对他的精心照顾。擦脸、抹手、按摩……甚至温言软语地开导他的情绪，不让他郁郁寡欢，每每故意逗乐他，令他在笑的同时，看得到恢复往日状态的希望。

朋友的友谊，家人的关怀，令张恨水温暖和欣慰，心情大好，病情竟也跟着大好起来。只是他一生都在勤奋地学习，大半辈子都在笔墨不辍地写作，倘若不写作，真是一点滋味乐趣都没有了。但是虽然活过来了，可这场大病却对他的身体和记忆力造成了相当大的损害，留下了严重的后遗症，说话咬字不清，流口水，左半边偏瘫，行动不便。可既然他活过来了，就要写作，只要有一口气在，绝不后退。不管是不是手不会动，还是嘴巴歪斜，写字、练字，就不信他一辈子都要这样。他让周南买了许多小学生练习毛笔字用的大字本，每天在大字本上不停地练习楷书，一切从头开始，认真地读帖，认真地写。颤抖的手紧握毛笔，一笔一笔的写，上午写，下午也要写。终于有一天，他的字写得越来越好，而他在案头堆起来的习字本竟有一百多本，比孩子们练书写的本子还要多。为了让他安心养病，不让他胡思乱想，周南卖掉了她用私蓄买的北沟沿的大房子，买下了砖塔胡同 43 号的一所四合院。小小的四合院经过周南的整修，他也休闲娱乐地种了许多花木。尽管积蓄不多，生活俭朴，全家却格外的安详和谐，小小的四合院充满了美丽温馨和浓浓的亲情暖意。

第十七章

黑暗里，张恨水的眼中盈起了水雾，想到周南，他跟她已经有整整八年没见，整整八年看不到她的笑脸，听不到她的柔声细语。

还记得在抗日战争爆发的一九三七年，他舍弃了一切财产，提着一只皮箱，匆匆忙忙到来重庆。待他在重庆的生活终于安顿下来后，原本他是把一家老老小小都一起接到重庆来住。哪知道抗日战争爆发剧烈，安徽潜山很快就成为了前线，交通受阻，危险重重，接家人来重庆的计划也只得搁置下来。哪知道半年后，柔弱的周南以她的勇敢和坚定的毅力，带着张全张伍两个年幼的孩子，冒着被日机轰炸的危险，跋山涉水，经历千难万险，千里迢迢赶到重庆和张恨水团聚。他还记得当周南头发微乱脸色绯红地出现在他面前，而两个年幼孩子也是一脸的辛苦和委屈，但周南没有说路上有多辛苦，只轻轻问了句："你好吗？"孩子们则是在见到父亲后"哇哇哇"地大哭。

周南此次来渝，因交通不便，在潜山她就改坐木排漂流汉水。

汉水滩险急湍，坐木排还要带着两个孩子，尽管有族兄张樵野的护送，可到底还是危险重重。而且敌寇日机时不时地在空中掠过，轰炸随时都会发生。寻亲艰难，路上周南将能吃的都给了孩子，到宜昌前，她已是两天两夜不曾喝水吃饭，以至到了宜昌城里，菜还没来得及上，她就已经狼吞虎咽地吃下两碗白米饭。

抗战胜利后，张恨水回北平办报，周南带孩子们回安徽老家，直到 1946 年全家人才终于在北平团圆。经过了 8 年战火纷飞，他们知道了和平是有多可贵，经历了漫长的分离，他们知道家人的团聚是有多幸福和温馨。靠着稿费，张恨水在北平北沟沿甲 23 号安了新家，在院子里精心栽种了花草树木，无论在哪个时候，当他看着院里影影绰绰的花影树影，坐在窗明几净的书桌前读书写稿，那种安静怡然悠闲的时光，跟他们在重庆山村茅草小屋生活的滋味大不一样，令人唏嘘。

想到这，张恨水想起了他和周南所拍的合照。为了拍好这张纪念照，他换上了笔挺的西服，周南则身着中式长袍，斜偎在他的肩头，温婉沉静的美，令人久久不能挪开视线。这照片承载着他和周南的爱情和记忆，为了不弄丢照片，张恨水把照片拿去复印，并在照片后面用毛笔楷书写下："民国三十五年，古历八月初六，吾人十五年，结婚纪念，恨水周南复印于北平"。然后又把题好字的纪念照，小心翼翼地压在书桌的玻璃板下，这样他在每天伏案写作的时候，就可以随时看到他跟周南的合影，回想他和周南相濡以沫、患难与共的点点滴滴的生活。就算在后来家从北沟沿搬到砖塔胡同 43 号，张恨水依然没忘记把这张纪念照压在书桌的玻璃板下。唉，只是他再做些这样的动作，周南都永远不能跟他微笑了。

他跟周南的感情不管子女能否懂得，或是有多懂，又或者在“文化大革命”那个时期红卫兵要如何除“四旧”，他都不愿意看不到周南的身影，即便仅仅只是一些照片。还记得他明明把照片挂在床头，可不知怎的，第二天就再也没找着，当时他的身体还没有完全康复，行动仍然有些不便。在北房的三间屋里，他吃力地将所有桌子的抽屉翻了个遍，就是找不着。后来，张伍等人听到屋子里的动静赶来帮忙，他已经翻遍完北屋桌子的抽屉，准备去南屋继续。张伍问他找什么，他急得不得了地问：“你们看到了压在玻璃板下，你娘带着金锁的那张照片了吗？”张伍的妻子连忙说：“是我把这张照片藏起来了。”张恨水没有再说什么，转身便进北屋。他用行动告诉孩子们他和周南的感情和思念，无论是什么都阻止不了。他的举动很简单，便是把孩子们全都收起来的跟周南有关的照片，他又全都挂在他的床头。无论手有多颤抖，腿有多不利索，可是他们哪里会知晓，周南虽然不在人世了，但他和这些照片朝夕相伴，仍然能感觉到和周南一起生活着，似乎周南从未离开这个家，从未离开他一步。不管有多大的阻力，他这一生都不能没有周南，无论在哪里，照片都要伴随着他，直至他生命的尽头。

现在，是他的生命到尽头了吗？张恨水怔怔地想着，心里忽有些激动起来，他马上就要跟周南团聚了！“欲语拈巾笑未能，十年薄幸我何曾。竹楼忆语三更雨，书案多思夜半灯。私祝名花仙国去，遥呼冰骨玉阶升。披裘姿表当风立，壁画空教众口称。”这本是他思念爱妻，于一九六一年八月在对着周南身穿裘皮大衣的小照而作，无论何时看着照片里的周南，他都有无数的诗句为她而咏，只为思念美丽温婉的爱妻。两年后，他的脑血管痉挛，

张恨水北京故居——砖塔胡同43号

又是大病一场，手越发的抖颤，几乎已不能握笔写字。可是思念周南之心不减，每日面对照片倩影，眼中仍然湿润。照片里，周南的眼中一往情深，笑容甜蜜，亲切可人，越凝望照片，越让人忍不住回想那跟她在一块的幸福时光。

聪慧的周南自与张恨水结婚后，在他的熏陶和影响下，她喜欢上了诗词和古文，《诗韵合璧》《随园诗话》是她的必读课本。对于《随园诗话》里的随园，袁枚常常自诩为《红楼梦》的大观园，周南虽然觉得根本不可能像大观园，但心里还是对随园充满了向往，总觉得亭台楼阁必然有美丽新奇精巧之处。当她向张恨水提出去清凉山去寻访袁枚的随园，要求他结伴而行时，张恨水忽然乐了，也不多说什么欣然答应。待两人去到随园，周南看到用了无数溢美之词成就的随园，在她的眼前仅只是一处荒芜不堪、野草丛生的废址时，失望郁闷，忍不住深深叹了口气，说：“这就是大观园？真是盛名之下，其实难副。”张恨水凝望着周南，微笑着说：“我早你十几年已经有此感叹，如果说了，会扫你的兴。”周南心里顿觉甜蜜，虽美景不复，可有爱人相随，结伴游玩，已是人生一大快事。为此，张恨水还特意做了首诗纪念，诗云：“随园说在小仓山，寻墓问诗半日闲。摘朵菊花斜鬓插，何年忘却旧时颜。”

在周南生下儿子二水后，张恨水和周南还兴致高昂地去了苏州、杭州等江南水乡游玩，在后来机缘巧合下，他们便拍了这一张幸福的家庭照。温暖和快乐不因时光的流逝而消失，永永远远地记在心头，无论是他还是孩子们，都在看到这张充满天伦之乐的家庭照时感动不已。因为爱是永恒不变的缘由吧，总让人亲近和温暖，回忆充满甜蜜。还记得在抗日期间，他们到四川山村避难，没想到有一年四川的冬季偶然飘起了雪花，在北京长大的周南看到雪花高兴极了，竟然跑到架在“涠溪”上的木桥，大声地喊他来看“断桥残雪”。那一年他和周南泛舟西湖寻访断桥的情景历历在目，过苏堤时周南就迫不及待地问断桥在哪里？而今，断桥仍在，却已物是人非，当年寻访断桥的周南已经远去，再也不能够娇俏地跟他嚷嚷“断桥残雪”了。

第十八章

虽说张恨水终于实现了他在父亲张钰病榻前的承诺，照顾好了弟弟妹妹，安排好了弟弟妹妹们的学习婚嫁等大事，但他自己却因为作品被人诟病。

因他出生在一个“法极守旧”的“诗礼之家”，从小接触到的诗书典籍令他对中国传统文化和民间文化有着强烈的认同感，对传统文化书籍有着相当大的亲切感。不知是否如此，他才会被某些人认为，他的兴趣爱好思想文化很像旧时的“传统士大夫”，像个“老学究”，但也充满“才子气”和所谓的半新半旧的思想。

曾有老友这样评价他，他不置可否，也不辩驳，就像人们评价他的小说是鸳鸯蝴蝶派，不激昂也不顺遂，淡然处之。虽如此，他也得说，“五四”新文化运动“摇撼了我们的文化自尊心”，“太过分”，对于“五四”运动“应当来个否定之否定，恢复我们的文化自尊心”。他当然不是传统文化的骸骨的迷恋者，但他对传统文化确是亲近、喜欢，如果有人置评诋毁，他无论如何都会捍卫，告诉他们“固有的文化，实不容鄙视”，坚持“中国是五千年文明礼仪之邦，精神文明，谅非西人所及”。要知道，孔子作为中国的传统思想的代表者，他的学说除一小部分为时代所不容外，十之七八，是可崇奉的。一部论语里，就有很多治国做人的大道理，倒也不必过于抹杀。就比如他的童年时代，家里“祀孔”，几十年后至今，他仍然觉得中国古乐器八音合奏的祀孔一幕，实在雍容大度，值得一听。

尽管张恨水有着半新半旧的思想，但他小说里的人物，从来没有过“新”与“旧”如此壁垒分明的文化阵营，也不会营造出“新”就是进步、“旧”就是落后的价值理念。大概是因为如此，张恨水的小说里，塑造了一大批“半新半旧”、“亦新亦旧”具有双重文化人格的人物。比如《春明外史》里的杨杏园，《金粉世家》里的冷清秋和金铨，《啼笑因缘》里的樊家树，《巴山夜雨》里的李南泉，等等等等。像这些人物，大都受过现代教育，认同民民主、自由、平等新思想的“维新”人物，另一方面却又在内心深处对传统文化表现出相当大的欣赏和依恋。

不过就有人认为，他的小说里多是些“一男二女”或“一男多女”的爱情设定，无论对民主平等新思想的“维新”，还是对传统文化的“推崇”，鸳鸯蝴蝶派就是鸳鸯蝴蝶派。为什么要有这样的爱情设定，张恨水从来没有回答。有意也好，无意也罢，让读者去猜测，也是种阅读的乐趣。至于“一男二女”“一男多女”作为情节发展的线索之一，不过是他写出了具有现实生活气息的爱情故事而已。但他写的也非哭哭啼啼的爱情，一味山盟海誓谈情说爱的描述，他对人物情感的表达向来写得十分细腻含蓄，没有激情的对白，没有举止亲昵的动作。他不过是在小说里呈现了男女普遍存在的情感，又加了社会的一些成因和环境，或因如此，读者读来仿佛曾看见过，或经历过，真实感较为强烈罢了。

读者时常猜测他做那样的爱情设定是否要让主人公多吃些苦头，现在回过头来看，也只因在这些爱情故事里，总是一些伤感的情调，淡淡的哀愁，淡淡的幽怨，小说喜剧收场不多，人物不是离散就是死亡，倘若不死不离，也并无团圆完满结局。《春明外史》中杨杏园、梨云病死；《金粉世家》中清秋出走；《斯人记》中梁寒山与张梅仙最终没有成为美眷，小说在具有开放性可能的对白中结束；《啼笑因缘》中沈凤喜发疯、关秀姑离开，何丽娜与樊家树最后结果如何他甚至没有交代；《夜深沉》中二和与月容在重重误会与陷害设计中无法相守；《剑胆琴心》里秦学诗与德小姐后来如何，他还是没有交代；《太平花》里的李守白最终也两头落空、放眼未来。

即便在后来的题材里，他尝试了像《燕归来》《秘密谷》等作品，但他仍然这样的新题材里适当的加了些爱情相关的情节。很简单，不管其他题材有多吸引人，最吸引人的也非爱情故事可比。即使他根据史实所写的讲述了中国军队“以一敌八”，浴血巷战，乃至全军牺牲，可歌可泣的国民党在正面战场上的著名战役——常德保卫战的长篇小说《虎贲万岁》，他也请口述的士兵说一些可能发生或实有的感情故事。如果有人问他为什么写悲壮血腥的战争，要加些爱情进去，如此做是否太不认真？假如真有人这样问的他，他一定会说将爱情穿插在其中，是为了避免全是战争的描写会过于单调。这样的理念别人不明白不要紧，他按自己的意愿去写，写出来的也才是他能接受和满意的。事实，《虎贲万岁》一出，就有读者来信，说在这样一部描写代号“虎贲”的 74 军 57

师在日军六万余人的包围中，同仇敌忾，背水一战，“以一敌八”，苦战十余日，与日寇浴血巷战，终于等到援军合围，保卫住常德的作品里，看得人热血沸腾，也泪眼连连。全师八千余人，仅有八十三人生还，如此惊天地、泣鬼神，可歌可泣、气壮山河之作，阅读起来不仅不觉乏味，还被作品里的人物所牵引，只因除了悲壮的奋战场面，还有淡淡的令人哀伤的爱情在里面。

如果真要牵强附会的说一些的话，张恨水在黑暗里凝神地想着，嗯，是的，真要说的话，他的小说用他在《剪愁》里的诗句来解释，便是“空剩浇愁笔一枝，为人儿女说相思。”

可无论哪部作品，爱情只是其中的主线之一，无谓去研究“一男几女”的设定。小说人物本身的性格思想，更多地表现出的才是读者内心期望的或是想要窥视的，或是带有正义色彩的内容。

《金粉世家》中的冷清秋是小说中的主要人物，她虽然出生在破落之家，但却是一名才女，能大胆追求自己的爱情，有着独立的个性和果断的作风，温柔典雅间透着些许的傲慢，冷艳却格外坚强。虽是一个柔弱女子，却也是热血满腔，因为她不愿失去自我，她有世俗眼光下容不得的理想；她幸福的接收着总理公子带给她的一次次浪漫，她义无反顾地踏破封建门第观念，追求自己的幸福和爱情；同时她又不愿被婚姻捆绑了手脚，身体力行的支持女权运动；她忠贞于自己的婚姻和爱情，哪怕遭遇与她同有理想抱负的才子，也用清白之躯排除流言蜚语；她宁愿失去曾经令她深爱和朝思暮想的男人，宁愿一人承担孤儿寡妇的尴尬也要抛却失去了爱情的婚姻。

这样的人物读者们喜爱，他自己也甚是喜爱，不过小说里冷清秋对金太太看《后红楼梦》的看法，曾有人以此指点说这是他的“夫子自道”的一个表现。冷清秋说：“这个东西，太没有意思，一个个都弄得欢喜团圆，一点回味也没有。你老人家倒看着舍不得放手。”对此所意指的“夫子自道”，张恨水自然也不愿去解释，《春明外史》里的杨杏园也曾被人用来如此议论他，小说就是小说，既不是自传，何来的夫子自道呢？就以“九一八事变”中他写的作品来说吧，在别人看来特别多，而他不过是想要在那个时候抗日小说尚不多见的情况下，“抛砖引玉”，希望能够出现“为民族争光之小说”。

他当然不敢说自己的小说如何如何，不敢自诩，也不敢轻率，只是想以笔杆作枪，为抗日战争出一份力。故而，不论别人如何批评，他都不愿出声解释，既没那时间，也没那意愿。如果要他在时间上选择解释自己或是写国难小说的话，他更愿意选择后者。不过说起他写的抗日小说《东北四连长》倒是有些巧合。有一天上海的《申报》副刊《春秋》主编周瘦鹃来约他写稿。他以忙为借口，婉拒了周瘦鹃的邀请，但周瘦鹃仍然坚持邀他写稿。那个时候有个朋友曾好心地劝他说：“国内两大报纸的长篇小说全归你一人包办，自然是罕见的盛举，但也要考虑到别人的反应。”这话说得诚恳有理，张恨水一听就更加坚持不写了。不过周瘦鹃也是个意志很坚定的人，无论张恨水如何婉拒，他仍然坚持向他约稿，还跟他说，他非常诚恳地要张恨水看在友情的份上为上海《申报》写一部长篇小说。

张恨水极重友情，推却不掉，只得应允。不过他对军事完全外行，但又很想写一部反映东北抗日的军事小说。巧合的是他有一位当过连长的学生当时正好在北平，也时常到家里来看望他。张恨水便乘机会向他询问军人的生活及军事常识，而且还让他写了一篇报告。通过两三个月的准备，小说《东北四连长》在一九三三年三月四日开始在上海《申报》副刊《春秋》上连载，第二年的八月十日完结。小说发表后，受到了读者的欢迎，甚至还有著名的硬派电影明星王次龙想要将其改编成电影，可惜终因时局日益严重没有拍成。抗日胜利后，上海出版界向他提来要求希望能出版此书。张恨水却没有匆匆忙忙答应，他翻看原稿，只觉对战争的描写不够成熟，当时觉得尚可，现在只觉幼稚可笑。他将作战部分完全删去，着重描写由于日寇的侵略，逼得中国人民不得不奋起反抗，最后归结于人道主义的感慨，在交由上海山城出版社出版时，他还根据《随园诗话》中“杨柳青青莫上楼”的独句诗，将书名也更改为《杨柳青青》。

他只是认真地想要写好小说，将日寇的血腥暴行公诸于众，其积极抗日的爱国情怀自然引起了日寇的忌恨。日寇向北平当局提出抗议，并将他的名字列入日寇特务机关的黑名单。没办法，张恨水迫于无奈，不得不于一九三五年的秋天离开他视为第二故乡的北平，正所谓的“十年豪放居河朔，一夕流离散旧家。”

第十九章

在北平住了十多年，张恨水早已深深地爱上这里，这里的历史文化、民俗风情深深地让他迷恋。1933年初，日寇占领山海关，铁蹄的声音离关内愈来愈近。为避战乱，张恨水举家迁至安徽安庆。随后只身来到上海，可十里洋场的生活他根本过不惯，喧嚣杂乱的大都会，还有纷争不休的商业竞争，和他的情趣大相径庭。最使他不舒服的，是那些达官贵人依然过着纸醉金迷、纵情享乐的生活，似乎国事与他们无关，生活水深火热中的苦难百姓跟他们不是一个国家，或说不在一个朝代。张恨水想离开上海，不愿在这样的地方长久的待下去，可是哪里又有他栖身之处呢？

就在张恨水踌躇茫然的时候，恰好也在上海的张友鸾极力建议张恨水和他一块去南京自己办报纸，也算有个栖息之地。南京是张恨水喜欢的城市之一，他认为放眼江南，只有南京与北平相似，不仅是六朝古都，而且有龙盘虎踞之胜，还有悠久的历史文化，所谓的连“卖菜翁都有烟水气”。张恨水虽然决定迁居南京，可是他能不能自己办报，一时还拿不定主意，而且张友鸾自己虽然想办报可又有些担忧，说是时事多变，办报前途未卜，担心经营不好出现亏损，也害怕没有足够的资金维持日后的运转。张恨水也有些急了，那到底办还是不办？不过，用自己的稿费来办报，这可说是个创举，而且所需要的钱也在他自己的能力范围之内。恰好当时胡秋霞也在旁边，她听到后热情豪气地支持道："想做就去做吧，既然有这个想法，那就不要犹豫。若是钱不够，我还有一点积蓄。"人生在世，有这样的机会，是该试上一试。最后，张恨水答应了张友鸾，下定决心在南京办报。

那个时候张恨水攒下的稿费原本是打算在南京近郊买地盖房，住在农村里，享受村里的清新空气，写写书稿，种种菜养养花，以此归隐田园养老。周南心里自也想有这样的美好生活，可哪里能够，在那样战火纷飞的年代，哪来的"桃花源"。她按下心里的憧憬和担忧，俏皮地打趣张恨水说："真是个'书呆子'，想到哪说到哪，你一厢情愿地想要在这里养老，也不问问我愿不愿意，或者孩子们喜不喜欢这里。"周南脸上笑盈盈地，张恨水也跟着乐了起来，并不介意周南的打趣，南京也是他喜欢的地方，那现在他就要在南京这个第二故乡做他喜欢的并一定要做好的事，那就是办报。那时候他大概有四五千元的积蓄，在当时已是一笔不小的费用。经过两个月的筹备，张恨水约共拿出了四千元，在中正路租下了两幢小洋楼，先后买了四部平版机，在《立报》铸了几副铅字，就热热闹闹地开起张来，并取名叫作《南京人报》，于一九三六年四月八日正式发行。其实在办报的过程中，张恨水的心情还是忐忑不安的，到底花的钱不是小数，可说是家庭的大半积蓄。他自己从不自以为是，却没想到他名字会有那么大的号召

力，竟令《南京人报》才出版第一天，就卖了15000份报纸，可说是当时报界的“破天荒”纪录。如此他有些惶惶不安，但也越发的有了勇气办好报纸。

为何惶惶，是因张恨水做了那么多年的报人，深知私人办报，大部分都是有经济靠山的，如没有靠山支撑，就无经济能力办下去，当然那些私人报纸就成为了靠山的“口舌”，说的也是靠山的“好话”。《南京人报》才开办，就有不少人表示愿意捐助，张恨水却不接受任何“经济援助”，他将自己半生所得收入全都付诸在《南京人报》上。加上“北华美专”和《南京人报》的开办，张恨水此时可说是倾其所有，手中再无一文积蓄。可惜由于日寇的侵略，不久南京沦陷，办了两年的《南京人报》就此结束，张恨水不得不只身入川，没有钱的他，当时手上只有一个柳提箱。张友鸾后来在回忆中这样评价张恨水：“真正用自己劳动得来的血汗钱来办报的，在我的记忆中，除了他还没有第二个。”

《南京人报》是一份小型报纸，资金不足，规模不大，张恨水任社长，兼编副刊《南华经》，张友鸾任副社长兼经理，张萍庐编副刊《戏剧》，在北平的张友渔则无条件地为报纸写社论，盛世强则在北平打长途电话报告新闻。张恨水的人缘和倾囊办报的精神令他的这些友人们感动不已，故而朋友们的工作大都是尽义务不要工资。《南京人报》的编采人员同样都不计工资的多少，真诚的友谊和无私的帮助，使张恨水深深地感动着，无论是他还是张友鸾和全体同仁，大家都拼尽了全力，只为让《南京人报》办成南京人最喜爱的报纸。张恨水自然也没有拿工资报酬，他心里有个奢望，希望报纸发达了再分红。由于全体同仁的拼搏精神，南京报界戏称《南京人报》为“伙计报”。

《南京人报》

在这个只有伙计的报社里，编辑部无时无刻不充满着和睦、友爱和朝气的氛围。大家都是伙计，也都是老板，工作之余的休闲娱乐项目，便是到夫子庙或大三元酒家聚会，又或者到后湖划船联句和诗。由于这种聚会是大家互请做东，并不占谁便宜，故而常常聚会作诗唱曲，如此有趣之事，竟吸引了不少人纷纷参加。素有江南才子之称的卢冀野、清末民初大诗人易哭庵先生的哲嗣易君左、诗医叶古红以及后来成为诗人和书法家的潘伯鹰，便是不请自来。他们不只是张恨水的诗友，也醉心戏曲玩票，和张恨水的话题自是多多，成为至交好友。由于聚会上正所谓的“骚人墨客”，诗情画意浓浓，风雅成趣，在南京城里甚是出名，也颇有影响，旁人道起此事，立刻能说出聚会上会有何人，诗歌如何风雅等等。

聚会上能吟诗唱曲，报社里的欢笑声也不绝于耳。还记得左笑鸿从北平来的那天，张恨水先是做东请客，高兴不断地饮酒作诗，晚上在报社的时候，两人聊得甚欢，兴之所至，竟然一唱一

和甚至摆起步来地来了一段京戏《连环套》。如此畅怀之举，莫说他，连隔壁排字房的工人都送来了阵阵掌声。

谈诗醉戏风雅，在南京有如此愉快的时候，张恨水越发的喜欢南京，他也没想到他竟然在《南京人报》连载了长篇武侠小说《中原豪侠传》。祖父张开甲、父亲张钰都有一身不弱的功夫，舞起拳来呼呼生风，且他从小就耳濡目染，甚至还拿着弓箭小刀玩耍过。他也阅读了不少社会上流传的武侠小说，只是对那些作品却不以为然。虽然那些武侠小说也有影响力，但是却有着极大的缺憾。比如封建思想太浓，明明是英雄却要写成奴才式的。另外故事太不切实际，天马行空幻想过头。最最重要的一点，那些武侠小说阅读后，让一些读者误以为如此打斗是对的，哪管得了是否正义，是否自私。却也不能全盘否认，以暴制暴虽不可取，不过可以让读者懂得牺牲小我是为了完成大我，被压迫者联合起来反抗暴力、反抗贪污，最后一定邪不压正，正义必胜。

故此张恨水还在《武侠小说在下层社会》一文如此表达他对武侠小说的一些看法："那么，为什么下层阶级会给武侠小说所抓住了呢？这是人人所周知的事。他们无冤可伸，无愤可平，就托诸这幻想的武侠人物，来解除脑中的苦闷。有时，他们真很笨拙地干着武侠的故事，把两只拳头代替了剑仙口里的一道白光，因此惹下大祸。这种人虽是可怜，也非不可教。所以二三百年的武侠小说执笔人，若有今日先进文艺家的思想，我敢夸大一点，那会赛过许多许多平民读本的能力。可惜是恰恰站在反面。总括的来说，武侠小说，除了一部分暴露的尚有可取外，对于观众是有毒害的。自然，这类小说，还是下层社会所爱好，假如我们不能将武侠小说拉杂摧烧的话，这倒还是谈民众教育的一个问题。"

说了这么多，张恨水心里写武侠小说的愿望，自是越来越高涨。他想将他在文中所描写的武侠小说的人物和主题做一个形象化，或者说写一部跟当时社会上流传的风气不好的武侠小说完全不一样的作品。其实他早就做过一次实验，那是在一九二八年，他根据祖父、父亲口述的见闻和传说，经过艺术加工，精心创作了《剑胆琴心》，并连载于北平《新晨报》。后来《南京晚报》转载了他这部作品，将《剑胆琴心》改名为《世外群龙传》。这部小说讲述的是洪秀全失败后，散落于江湖的太平天国将领的轶闻故事。可以这样说，这部小说真实性很高，虚构成分几乎没有，只是做了艺术的再加工。然而小说虽然多次被转载，也曾出过单行本，却没有引起强烈的反响。这一次，张恨水便将实验扩大，以河南义士王天纵在其晓明大义的妻子鼓励下，毅然决然地参加了

《中原豪侠传》

辛亥革命的事迹作为为故事蓝本，讲述了秦平生、郁必来、马老师、冯四爷等了一批爱国爱民的“义士”参加辛亥革命，以血肉之躯报效国家的感人故事。

《中原豪侠传》里的义士们虽说武术超群、身怀绝技，却没有“口吐白光，飞剑斩人头于千里之外”那种夸张、荒诞不经的描述，也没有神乎其神，玄乎其玄，刀枪不入，超乎现实之外的“半仙之体”。在张恨水的笔下，《中原豪侠传》都是活生生有血有肉的人，知道疼，会哭，会笑，也会受伤，也会死亡。但他们却拥有着爱国爱民的“侠义”情怀，绝非以暴还暴，门派争斗，仇杀群殴等血腥暴力的主题。连载后，读者感受到了爱国爱民的侠义情怀，反响强烈。后来在一九四四年“万象周刊”出版社出版了《中原豪侠传》的单行本，那几年正是抗日战争暴发时期，为了宣传抗日，张恨水还在《中原豪侠传》序中清楚地说明书的立意及经过，他写道：“必须灌输民族意识，教以大忠大义。”他的这份抗日爱国的精神在《中原豪侠传》里得到了充分的表达，除了这本国术小说，他还在他主编的副刊《南华经》上发表了另外一部以北平为背景的抗日长篇小说《鼓角声中》以及大量的诗词散文。只因日本帝国主义对华的侵略愈加猖狂，偏偏南京的达官显官醉生梦死，图着“纸醉金迷”的快活，根本不理会所谓的日军侵略，眼中所看到的“金粉”生活里的歌舞太平。张恨水强烈的爱国热情令他忧心如焚，而在一九三七年八月十五日，淞沪会战打响之后，当日军飞机空袭南京，南京城内 100 万市民陷入了战争的灾难之中，更令张恨水愤怒忧心。早在一九三四年他从北平来到南京时，就有为了“国家民族，他愿意牺牲一切，情愿投笔从戎，战死疆场，马革裹尸”的心志，甚至写过这样一首诗以明志："不必功名等白头，早将心迹托浮鸥。国如用我何妨死，事总因人大可羞。腹俭已遭家室累，卖文还作稻粱谋。凭栏无限忧时泪，如此湖山号莫愁。"

想到这，张恨水心里轻轻叹了口气。往事历历在目，百姓哀鸿遍野，显贵醉生梦死，而《南京人报》也在日军的暴行下风雨飘摇。空袭南京后，惶惶不可终日的人们开始了四处逃难，谁也没有心情再来看《南京人报》，报纸的销量骤然下降，又没有广告收入，可报馆的日常开支又必不可少，怎么办呢？所有人的眼睛不由自主地望向了张恨水。可他虽身为社长，却已是再没有积蓄，自来南京后也没拿过薪水，更无稿费一说，他也是有心而无力的呀。就在他眉头深锁为《南京人报》的前途堪忧时，印刷部的全体工友和编采部的全体同仁，纷纷表示，为了抗日，同舟共济，他们只要几个钱维持生活，工薪全都免了。张恨水深深地感动，正不知该如何感谢时，大家又说道："就算维持生活的费用都没有，我们也要坚持到底。这是我们的报纸，决不能让'伙计报'先垮，而被'老板报'窃笑。就算是玩命儿，我们也要苦撑到底！"众人的支持给了张恨水深深的激励，为了不辜负众人的厚望，也为了心底对这份投入了无数心血的报纸，张恨水咬牙坚持做下去。

为了争取时间办好报纸，张恨水每日下午到报馆工作，又是处理事务又是照顾版面，常常要工作到第二天太阳升起报纸准时印刷了才可以下班。回到南京郊区上新河的家里需要步行十几里，到家后已累得困极了，倒头就睡，睡醒匆匆吃完饭又赶忙着到报馆工作。南京郊区没有防空工事，往往空袭警报一响，敌机一来，他就得顺势赶紧要么趴在田坎下，要么躲在大树下，常常令家人

担忧不已。待到警报解除，张恨水顾不得拍身上的尘土，拔腿往报馆奔去，将他看到的日军侵华暴行诉诸纸笔，并处理当天的稿件。要排版、要发行，就算工友同仁不要薪水，报纸要运作也得开支。没法子，张恨水四处借贷，朋友处更是能借的都借了个遍，在他和全体报馆同仁们的努力下，直到十二月初，南京沦陷的前四天，《南京人报》方才停刊。

那段时间不只是《南京人报》的困难期，也是张恨水最辛苦的时候。担忧、焦虑、紧张、恐慌……每天睁眼醒来，至闭眼睡觉，他无时无刻不如此，神经的高度紧绷，身体的疲累，竟令他大病一场，而且来势汹汹。疟疾、胃病、关节炎一起袭来，身体承受着种种病痛。《南京人报》的运作，日军空袭频繁全家老小安危难卜，日忧夜虑，病情愈发加重，也就没有心思看书，更谈不上写作了。

第二十章

《南京人报》被迫停刊后，在芜湖养病的张恨水于一九三七年年底前把全家迁回故乡安徽潜山安顿，第二年，张恨水拎着一只柳提箱只身入川到重庆，恰巧张友鸾也选择了来重庆。见为避难撤退到重庆的新闻界人士很多，张友鸾心里又有些想法了，他问张恨水有没有《南京人报》复刊的计划，还表示愿与张恨水在巴蜀重打江山。张恨水听了，沉默了一会儿，想到办报的忧虑焦思，想到工友们辛苦工作却无钱发工资的困难，他长长地叹了口气，说："我对此厌倦了，想把更多的精力放在创作上。"

张友鸾心里有些失望，虽然《南京人报》没有机会复刊，不过张友鸾和张恨水在报界的合作又有了新的机会。陈铭德和张友鸾是多年好友，恰巧那时陈铭德正思忖着将原本在南京的《新民报》在重庆复刊，张友鸾便将张恨水介绍给他。其实在三十年代初期，张恨水就曾为《新民报》写过《旧时京华》和《屠沽列传》两部小说，和陈铭德、邓季惺伉俪虽未谋面，却有多年的文字交

情。陈铭德和邓悸惺热忱邀请张恨水加入《新民报》，张恨水这次跟两人一见如故，便愉快地同意了。重庆《新民报》是张友鸾和张恨水在继《世界日报》《世界晚报》《南京人报》后两人的第四次友好合作。和以前一样，张恨水专心办他的副刊，张友鸾负责新闻版的编辑工作。张恨水在《新民报》上连载小说《上下古今谈》和杂谈《最后关头》，张友鸾发表的是他的社论《山城夜曲》。

张恨水在入重庆后在《新民报》主编文艺副刊，后来又兼任了重庆版的经理。《新民报》当时除了重庆，还在成都开有分社。重庆的《新民报》有两个副刊，一个由谢冰莹主编，一个由是张恨水主编的《最后关头》。

那时抗日战争爆发，张恨水所取的副刊名的意义就显得格外郑重。他在一九三八年一月十五日的发刊词《这一关》中明明白白地呐喊："'关'这个字，在中国文字里，已够严重。关上再加最后两个字，这严重性是无待词费了。最后一语，最后一步，最

"标题党"祖师民国报人张友鸾

后一举……这一些最后，表示着人生就是这一下子。成功，自然由这里前进。不成功，也决不再有一下。那暗示着绝对的只有成功，不许失败。事情不许失败了，那还有什么考虑，我们只有绝大的努力，去完成这一举，所以副刊的命名，有充分的呐喊意义包含在内。……这呐喊声里，那意味绝对是热烈的，雄壮的，愤慨的。绝不许有一些消极意味。我相信，我们总有一天，依然喊到南京新街口去，因为那里，是我们南京报人的。”

鼓舞士气、激励民心的呐喊，还有着对达官贵人的当头棒喝，是张恨水内心的期盼和追求。呐喊过后，张恨水为这个副刊清清楚楚地规定了内容：“一、抗战故事（包括短篇小说）；二、游击区情况一斑；三、劳苦民众的生活素描；四、不肯空谈的人事批评；五、抗战韵文。”不止如此，他还规定每篇文章的字数不得超过 1000 字。为了强调这个副刊的宗旨，他又在发刊不久的 1 月下旬刊登《白事》：“蒙在渝文彦，日以诗章见赐，无任感谢。惟《最后关头》稿件，顾名思义，殊不能纳闲适之作，诸位高明察之。”在三月下旬他又再一次《告白》读者说：“本栏名为《最后关头》，一切诗词小品，必须与抗战及唤起民众有关。此外，虽有杰作，碍于体格只得割爱，均乞原谅。”

张恨水用他义无反顾、勇往直前，以及满腔的爱国热情写出了激励人心的《发刊词》和两次告白读者，令人读来激动不已，犹如当头棒喝，读者和老友们同仁们纷纷叫好。他不仅仅只是嘴上说说，而是确确实实地按着要求去做。他从来没有动摇过自己的抗日信念与热情，经常用“关卒”的笔名，以诗、文、小说作为武器，唤起民众同仇敌忾，团结抗日，而且还用漫画来讽刺揭露汉奸的丑态。在他苦心的经营下，《最后关头》受到了越来越多的读者欢迎，尤其《八十一梦》更成为当时最轰动、最畅销的小说。不止连载小说受到读者的热烈欢迎，张恨水发表在《最后关头》的散文、小品、随笔、杂文也同样受到了读者的热爱。张恨水写的这些文章都很有目标性，针砭时弊，是为了宣传抗战，为了更好地激励民心士气。有很多读者喜欢张恨水的“关头语录”，寥寥几十字，却是短小精悍，一针见血。

在张恨水的努力下，《最后关头》艰难地发行了一年，他在《关头一年》中如是说：“光阴真快，《最后关头》这小副刊，产生一年了。回顾当日第一次上场白，声明我们当兴奋呐喊，不要无病呻吟，直到今日，总算遵守着这几句话，没有忘了。”在《最后关头》上张恨水发表的诗词，受到了读者的喜爱，其中最让人喜爱不绝的是《读史十绝》。然而，由于“关头语录”犀利辛辣，杂文更是刺激着某些人的神经。所谓“祸从口出”，说到了当权者的痛处，惹怒当权者的后果，便是《最后关头》于一九三九年五月三日迫不得已的停刊。

故此，经过多方的努力周旋，《最后关头》于同年的八月十三日复刊。张恨水在复刊那天，立刻就发表《久违了》一文，向读者委婉表达了为何停刊的缘由，以及他的无奈和愤怒。在《久违了》张恨水这样写道：“日子是这样的容易过去，本刊与读者不相见，已经有一百天了。这一百天，不可小看了它，积十八个一百天，便是一个五年计划。对这一百天的消逝，我们是守财奴一般的看法，颇为舍不得。一百天之间，我们不知道读者的感想如何？若就我们自己而论，仿佛像那些禄蠹，三日无官则遑遑如也。许多日子不扯几句淡，真整得难受，在这里也看出新闻记者是一条劳碌命。不像古来言责之官，如御史太史等等，十年不开口动笔，依然吃饭睡觉，其肥如猪。”

然而，《最后关头》虽然受到广大读者赞许和欢迎，却仍然举步维艰，艰难坎坷地走过了三年。在这三年的时间里，除小说外，张恨水还创作了大量的诗文，且没有哪一天是中断过的，读者天天都能在报纸上读到他写的小品、散文、杂文或是诗词。这些诗文，或辛辣冷峻，或嬉笑怒骂，既让人感到痛快淋漓，又让人掩卷深思。可惜《最后关头》仍然在三年后被迫停刊，而且永远。受当权的压力施加，《新民报》社内部组织了检查组，表面上是对全报纸所有文章，重心实则放在副刊《最后关头》上。在内部数次的“新闻检查”之后，张恨水不得不接受指令，“奉命”停刊。但张恨水饱涨的爱国热情岂会就这样屈服权贵恶势力，他表面答应，实则隐晦暗讽，无论当权者如何打压，他都他坚持认为“那些间接有助于胜利的问题，那些直接间接有害于抗战的表现，我们都应当说出来。”

张恨水到底是个聪明人，既然“你要让《最后关头》停刊，那我就开办《上下古今谈》”正所谓的“你有张良计，我有过墙梯”。《上下古今谈》是一个类似聊天的专栏，。这一谈，又轰动了重庆，成为家喻户晓，街谈巷议的话题。《上下古今谈》持续了三年半之久，张恨水每日一篇杂文，利用他渊博的历史知识和敏锐的洞察力，上下古今，以古喻今，巧妙地讽喻了当局的腐败和社会的黑暗。张恨水的杂文短小精悍，读起来轻松有趣，似邻家友人聊天，且他每篇杂文皆因事而发，读者看了知道是怎么会回事，当事人则一看就知是说自己，可张恨水的杂文并没有指名道姓，且文字词汇巧妙，明知所指何人，偏偏不能对号入座，否则立马成为全重庆的笑话。

张恨水的爱国思想和高涨的抗日情怀，曾让他在《最后关头》

征求战区消息时，郑重其事地写下这样的征稿启事。他说："本刊为免除稿件腐滥起见，曾征求战区通讯。近来陆续发表数篇，颇得读者欢迎。盖此项文字，全属事实，足补新闻之未及。而战区流亡在后方之人士读之，思乡东向之心，油然而生，亦复可资鼓励。现由前方来渝者，各战区人士均有，家乡消息，当不致完全断绝。兹征求读者将所得家乡信件，删去私人事项，交本刊公开发表。其有必须修润之处，编者可代为之，文字但求逼真，毋须多事修润。（一经发表，当较平常叙述、批评文字倍酬，以答雅意。其有新自前方来者，将所见闻分别记载见赐尤所欢迎！）"如此爱国热情，以及对战争的关注，令读者激动不已。可惜后来停刊便再没能征稿。有了《最后关头》的被停刊经验，张恨水一直小心地维护着《上下古今谈》，直至抗战结束《新民报》搬迁。

其实，张恨水在加入《新民报》前，他差点就"投笔从戎"了。原来的计划是入川到重庆，或是复刊，或是把机器卖掉还债。途经武汉时，张恨水看到许多爱国有心而又报国无门的人，他的内心充满愤慨和无奈，这时又传来南京大屠杀的消息，张恨水在震惊中更是感到无比的愤怒。虽说他只是一个无权无势，手无寸铁之力的穷书生，可是"国家有难，匹夫有责"，无论如何只要他有一口气在，他会奉上他的所有力量，投身抗日洪流中去。那时，张恨水的四弟张牧野押运着装有《南京人报》的机器、铅字的木船，也到了武汉。两人相见，谈起所见所闻，张牧野干脆劝张恨水把《南京人报》的机器扔了，回故乡大别山打游击。

张牧野从小习武，练就了一身功夫，可说是自祖父和父亲后的又一将门之才。且他在"七七"事变时，还在天津参加了天津民众抗日的保安团，和日本侵略军进行过肉搏战。张牧野说，武汉这里聚集了不少家乡青年，他们都愿意回到家乡亲手杀敌，保卫自己的家乡，保卫自己的祖国。可是他们希望有些声望的张恨水出面协助，好使他们能够名正言顺回家乡抗日。这个建议，令张恨水怦然心动，他立刻想到家乡大别山层峦叠嶂、林密山险，正是打游击与敌人周旋的好地方。如果真的能够丢掉笔杆拿起枪杆，用他的声望和影响，号召组织一大批爱国青年，加入到抗日的行列中，将是一件了不起的壮举！"国如用我何妨死"，这个愿望和诺言终于可以实现了。热血沸腾的张恨水兴奋地同意张牧野与家乡青年的请求，毅然决然地要投笔从戎。

只是不知为何，当张恨水用他的名义亲笔写了个呈文交给当时国民政府的第六部，请认可他们的这个行动，还特意写明了他们不要钱，也不要枪弹，就只要第六部的认可，免得家乡人误会。可谁知呈文递上去了，竟然一直毫无消息，再打听打听，结果竟然是被拒绝。为什么会被拒色，国民政府没有给答案，无奈之下，张恨水只得入川后，在《新民报》上把爱国热忱及满腔愤怒，全都写成小说，而且是大量的抗日游击战小说。为了写好游击战小说，张恨水积极地搜罗材料，并向打过游击战的朋友请教，而且得到了《新华日报》的帮助，允许张恨水去《新华日报》的资料室任意查找有关文件。

在短短的一两年内，张恨水写的抗日游击战争小说有发表于香港《立报》的《红花港》，发表于《立煌皖报》的《前线的安徽，安徽的前线》，发表于汉口版的《申报》的《游击队》，以及重庆《时事新报》副刊《青光》上的《巷战之夜》，且获得了巨大的成功。爱国的热情令张恨水改变了许多主张，在武汉"中华全国文艺界抗敌协会"成立，张恨水被推选为第一任理事。若在以前，张恨

水绝不会答应，因他从不做官，从不参加任何党派，也从不参加任何文学团体，不过这一次为了民族大计，张恨水想也没想就欣然从命。

第二十一章

加入《新民报》后，在那个时候由于受条件限制，张恨水所在的经理部在七星岗，张友鸾所在的编辑部在大田湾，两个地方隔得比较远，不过因工作上的需要两人倒是经常见面走动走动。有一天，他们聚在一块聊起了报纸刚刚刊出的国民政府教育部向各省教育厅发布的一项通令。两人对此通令是好气又好笑，张恨水想到那个时候他和张友鸾对于这项通令的讥讽嘲笑，当真是一个“爽”字了得。还记得通令内容是这样说的：“今日一般青年，往往为求一时之便利，率多废弃毛笔，习修钢笔。殊不知中国之笔宜于中国之纸，中国之纸宜于中国之字……”教育部当真是该管的不管，轻重不分，主次不有的，严肃认真的发一项通令，竟只是为了要求全国中小学生一律用毛笔写字。张恨水自是讥讽道：“中小学生用毛笔写字，我不反对；但眼下是抗战年代，教育部要做的事情很多，何必忙着干这种小事？纵然把全中国的中小学生都练得会一笔颜柳欧苏，也吓不倒日本鬼子吧？”他说完，

张友鸾已嘲笑开来："这通令的文笔别具一格，不可不'打油'一番，权且狗尾续貂，和上几句：'不知陈立夫先生之才，宜于中国之教育部长；中国之教育部长，宜于中国之教育，中国之抗战教育……'"张友鸾的文才立时让张恨水大笑不止，回到经理部，他当即执笔写下一篇《教育部训令颂》，将他与张友鸾的感想写进《最后关头》。

武汉沦陷，不止中央政府迁到重庆，就连逃难的人们也纷纷躲到重庆这座山城来。人一多，重庆的住房自是不够，房租也就自然而然的顺势涨价，且租金成倍。由于日寇飞机不停地轰炸，为了躲避危险，张恨水不得不把家从城里搬到郊区南温泉。重庆多雾，南温泉的游泳池是川东一绝，城里游客最喜到此洗浴，往往逢节假日，成群结队约来游玩，故而南温泉可说是重庆的旅游胜地。然而原本群山环绕溪水淙淙的美丽之地，却因逃难下乡来的人多了，房租也开始上涨。

张恨水刚搬到南温泉时，租的是两间干净明亮的瓦房，原本不错。可房价上涨，房东二话不说，把张恨水一家赶走，说是要卖房子。没地方住，难道他要连累妻子和两个年幼的孩子露宿郊野吗？张恨水着急，到处找房子，却找不到合适的，不是租金太高，就是房子太小，与其他家人挤在一个空间狭小的地方，如此哪里可行。就在这困窘的时候，好友老舍赶来帮忙，将坐落在深谷中的南温泉"抗敌文协"搬迁后空下的三间茅屋让给张恨水一家来住。那茅屋坐落的地方甚美，前面是建文峰，后面是仙女峰，茅屋置于两山之间的平原上，晨起看山，幽远宁静，晚倚山色，侧听风声。周南一见便喜欢上这里，直说"好美。"美虽美，可叹茅屋的墙壁并非石墙，乃是竹片糊泥。大风吹来，立时茅草飞走；一拍墙壁，茅屋立颤；大雨一下，屋里小雨如注。时间久了，到得后来，屋顶上茅草空洞甚多，不下雨还好，一下雨，屋里到处漏水，锅碗盆瓦能用上的都用上了，只听屋里淙淙落水声，此起彼落。张恨水无奈，亦唯有苦中作乐，调侃道："一室之中，雅乐齐鸣。"还书写了"北望斋"三字贴在茅屋的土壁上，取自陆放翁的"北望中原泪满襟"之意。周南爱怜地看着张恨水挥笔而就的这三个大字，她和他一样，期盼着"王师北定中原日"的到来。

由于"北望斋"离市区有三十里路，来往一趟既要过山又要涉水，甚是艰辛。张恨水自觉年龄已大，和年轻人挤公共汽车甚是困难，且物价上涨，坐车还得花钱，最后决定安步当车。为了一家人的饭食，张恨水常常身着一袭粗布蓝衫，从城里大汗淋漓地背米回家。他觉得这样做不但可以省钱，还锻炼了身体，也能够体验民间的疾苦。他虽如此想，但回到家，已是气喘难平，汗流不止，令周南心疼不已。担心张恨水如此长期下去会让他的身体累垮，她想出办法，带着两个孩子去山道上等他，那时她便可搭把手，不让张恨水如此辛苦。《新民报》虽也有配给员工平价米，但米中砂子、石子、谷子却占了十分之一，每次淘米做饭张恨水不得不戴着老花镜去挑出这些杂物。物价飞涨，米不够吃，就得买黑市米，买不起就只能买苞谷南瓜红薯之类。猪肉是吃不起的，竟然上涨一百多倍，逢年过节别说涨价，见都见不到，早被有钱人买去。周南为了让张恨水身体壮实，也为了让孩子有肉吃尽量有营养，她也跟那些学者教授们一样，自己学着种菜养猪。

吃住已如此艰难，穿衣就更难上加难了。《新民报》的老板陈铭德对张恨水也算是颇多照顾，将他定为报社最高一级，给的工资也比其他同仁工友的多，但如此仍然不够家用。没办法，物价上涨太厉害，江南的米在战争前不过十块以下一担，一斗米也才几毛钱。哪知战争爆发后，重庆的米甚至涨价涨到超过一百块才有一斗。张恨水的稿写得再好，也顶多只能买包烟。故而在重庆这八年里，张恨水没做过一件新衣服，一件衣服穿了又洗，洗了又穿，破了就缝缝补补。要出席规模大的会议时，他就套上从旧衣摊低价买来的马褂。为此，他还和同样也穿马褂的潘梓年被人们戏称为“重庆新闻界两马褂”，只因那个时候穿马褂的人已经不多了。所幸的是由于当时还有一些出版社出版他的小说，出版商因他的书有市场，就大量的翻印，那时他每月都能得到超过报社薪水十倍的版税，生活比起常人总算要好一些。

但张恨水心里其实还是忐忑不安的。毕竟周南一直生活在北平、上海、南京那样的大城市，重庆山野乡间的艰苦和生活困窘，再加上随时被日军轰炸的危险，他觉得很对不起周南和孩子，看着她终日劳作，辛苦异常，心疼不已。而周南却不计较这些，反而能和他聚在一起而满足。就如有一次，张恨水偶然用在旧货摊买的一把京胡，按照琴谱拉奏，他只是照琴谱来拉，并没学过，居然能拉出调来。周南一听，立时就有唱戏的冲动，引得过路人忍不住停下来欣赏乡野间的这种难得的快乐。张恨水笑着对周南说：“不请自来，这叫吹箫引凤。”周南见他甚是得意，便故意说：“聊胜于无而已。”才说着，她就忍不住笑起来，张恨水凝望着她，也跟着笑起来。

张恨水和周南的感情，恩爱绵长，回忆不尽，每一个想念，每一句话语，都包含着周南对张恨水情到深处无怨悔的依依爱恋。黑暗中，思绪飘忽不定的张恨水，喉头又有些哽咽，周南对他的爱的付出实在是太多太多了。就以一个小小的事情为例，在旁人看来或许没什么，但在张恨水心里，也只有真正相爱的人才会如此。作为一名新闻记者，他的工作时间常常要到深夜，才能归家。尤其是他在创办《南京人报》的日子里，几乎每天都要到很晚才能回来。周南体贴，总担心他深夜回来会又累又乏，已没有心思和精力去做夜宵什么的，故而只要他晚上回来晚了，她便将夜宵事先准备好，并烹好香茗，然后在灯下读书等待，直到张恨水推开回家的门。又累又乏的张恨水回到家，立刻便能喝上喜爱的茶水，以及热乎乎的夜宵，还有周南关心备至的温暖话语，他为此深深感动，偏偏周南并不觉什么，只觉她这么做是应该的。后来，周南还用“南女士”的笔名，在《南京人报》的副刊上发表了一篇讲述张恨水常常夜归的散文，文章写得情真意切，莫说当事人张恨水，便是旁人读到这篇散文，也会为周南所做的一切而感动。

“不辨啼痕与血痕，相传一点入诗魂。新闻吾业归来晚，风雨灯窗候打门。”张恨水在后来怀着深深的感激和思念，作了这首诗纪念周南深夜等他回家的真挚情感。之后每每读来，他都忍不住眼眶泛泪，仿佛灯光下正在等待他回家的周南娇小柔弱的身影便在眼前。

第二十二章

坚守了八年，终于迎来举国欢庆的大好消息。一九四五年八月十五日，当抗战胜利的消息传到重庆后，张恨水的心里顿时有了归乡之意。在重庆整整八年，母亲衰老的样子，还有故乡的山山水水，无时无刻不在他脑海里出现。不知这八年母亲过得如何？故乡的山水，有没有变化？

周南带着孩子和其他人一样，去街上庆祝抗战胜利，张恨水抽着烟，思考着如何归乡。当周南问他何时归家时，张恨水沉吟片刻，目光坚定地说："第一个月交通恢复不了，第二个月走，没有我们的份。第三个月，在四川的一切事情，也许结束了，第四个月也许可以走了。"那时候《新民报》准备在内地大发展，除了已有的成都、重庆两社外，还准备在南京、上海、北平开办新社。因陈铭德和邓季惺夫妇言辞恳切的极力邀请，张恨水为了这份八年患难与共的抗战友谊，唯有割爱，将《南京人报》全权让给张友鸾去办，他则到北平创建《新民报》北平版。可在去北平前，

新民报
大明
眼镜公司
中國人民政協會議
全國委會當選名
中國人民政協第
選出中央人民
毛澤東等七
並選出中國

张恨水先生主编过的《新民报》副刊

张恨水仍然坚持要回一趟故乡，去看望年迈的母亲，和代他尽孝的两个妻子及两个儿子。

定了行程，余下来的日子就越发的忙了。开办新社、搬迁北平，张恨水又要忙着办报写连载小说，又要同经理、协理、报社同仁商量报社搬迁和在南京办《新民报》的计划和相关事宜。忙碌又忙碌，一直到十二月四日，也就是第四个月，事情终于忙得差不多，张恨水估量的也比较准确，于是便按原定计划返乡。他带着一家子，又是乘报社包车，又是乘铁棚子火车，还要乘轮船，辗转多地，从贵阳到衡阳，又到武昌，直奔南京。在南京安排好《新民报》总社的工作，张恨水又带着全家乘小轮赶往梦里都在思念的故乡安庆。

其实，虽说归心似箭，可张恨水心里对重庆总有一份难以割舍的留恋，毕竟这是他生活了八年的地方。出发后，张恨水等人曾在海棠溪的一家小客店休息，在等待第二天起程的时候，他独自一人站在江边，没有打伞，没有戴帽子，久久地凝望着江对岸隐于烟雾中的重庆。他的心情，就像他在出发前所写的《告别重庆》一文里，满怀深情地所说的那样：“不知不觉，在重庆躲过了八年的暴风雨，现在要走了，我实在有点依依不舍。……”

经过艰辛的旅程，在张恨水的带领下，一家人终于在次年一月的下旬回到了安庆。码头上，已有安庆文化界自发组织的欢迎队伍，高举着写有“欢迎张恨水先生胜利还乡”的红布横幅，张恨水的大妹妹、大妹夫，以及他的堂兄张东野已站在欢迎队伍的最前面，翘首企盼。才踏上码头，亲人们已一拥而上围了过来，又笑又喊的，诉不尽的亲情思念。在亲友们的簇拥下，众人乘人力车回到租在小东门的家里。离家尚有一百多米，张恨水和周南已等不及率先下车，飞奔向前，孝顺的张恨水忍住热泪，直冲家门，边冲边喊：“妈！妈！”听着张恨水洪亮的声音响起，院里立时热闹欢快起来。弟弟妹妹和两个儿子率先冲出来，然后是颤巍巍的戴氏从房间里缓慢走出，双手扶着栏杆看着他，老泪纵横，嘴唇不停嚅动着，却激动得说不出话来。张恨水一眼瞧见站在楼上的戴氏，泪流满面、远远地向母亲跪拜。接着，他冲上小楼，再拜倒在母亲面前，连连向她磕头，哽咽着喊道：“妈，儿子对不住您，八年没有伺候您、孝敬您了……”戴氏在徐文淑和胡秋霞的搀扶下扶起张恨水，母子二人眼眶泛泪，扶着的手久久不愿放开。一旁的徐文淑和胡秋霞早已热泪盈眶忍不住拭泪，她们也已八年未见张恨水，连连向他嘘寒问暖，也问周南路上可好，重庆生活如何，还有看到在重庆出生的两个小女儿，徐文淑和胡秋霞忍不住欢喜，戴氏看到新孙女，也顾不得再伤心，一家人欢欢喜喜地聚在一起吃团圆饭。而张恨水在看到长子张晓水、次子张二水在徐文淑和胡秋霞的精心抚育下，已是听话懂事的中学生，而非当年不懂事的小孩子，心里欣慰不已，也感谢两位妻子对母亲戴氏的孝顺恭敬。

安庆可说是张恨水短暂休息的好地方，不止环境优美，最主要的是他的家人们全在他身边，还有他的母亲，终于能够倾诉思念尽孝，以解常年在外不能尽孝的愧疚遗憾。在那些天里，张恨水回绝了所有应酬，整日陪在戴氏身边，恪尽孝道，端茶递水，捶腰捶背，事事躬亲，绝不假手于人。即便是在母亲打牌时，他仍然不离左右，为她装烟丝、点烟火、续茶水。

在戴氏休息时，张恨水也会带孩子们到张东野家做客，兄弟俩畅叙旧情。有时则去逛街，一边看看安庆这座古城的风貌，一边将安庆的传说掌故风物特色信手拈来讲给孩子们听。

转眼十多天过去，年关将至。对于张恨水来说，这不仅是战后过的第一个春节，也是阖家团聚的第一个春节。张恨水以往对过节并不上心，常常无所谓的埋头工作，而今他却高兴地忙着张罗，和三个妻子一起置办过年所需物资，在过小年那天，他甚至亲自下厨做了一碗地道的川菜回锅肉，说要让母亲和留在安徽的亲人尝尝。不止如此，张恨水在除夕夜带着孩子们给戴氏磕头辞岁外，竟然和全家人打小牌，这可是破天荒第一次。徐文淑或许不了解，胡秋霞和周南却明白张恨水以往是绝对不打牌的，今次可说是开禁了。却也以此看出，张恨水是难得的高兴和轻松了。可惜为了工作，张恨水不得不远游，孝顺的他多想再多陪陪母亲，时间上却已经不允许，想要说出口，又怕伤了老人家心。最后还是戴氏看出张恨水的难处，说："既然答应了去北平，时间到了就走就该走，怎能因为要侍奉我而犹豫不决。凡是答应了的事，就要认真地去做，只要把事情做好了，比天天侍奉我还重要。这里，你大可不必担心，有媳妇们照顾我，还有孙子孙女承欢膝下，我已经很满足了。”母亲的识大体和慈母胸怀令张恨水深深感动，过完年不久，他含泪匆匆拜别，却没料到，这次竟然是他和母亲的最后一次见面。

张恨水一直对自己不能在母亲跟前尽孝，遗憾愧疚不已，他对母亲的话时时铭记在心，从不敢忘，也从没有忤逆过。就算在徐文淑这次婚姻上，也听从了母亲的安排，以此便知他是如何的孝顺。戴氏在张恨水写《金粉世家》时，就很喜欢这部小说，那时张恨水已把母亲和一家子接到北平居住，每日里他都要把报上《金粉世家》的连载亲自读给戴氏听，不管多忙，他都绝不假手于人。念《金粉世家》成了张恨水那时天天必做的功课，尽管每天工作回家身体又疲又累，可在念报时他从来都不觉得辛苦，反而甘之如饴。对他来说，这是尽孝的一个方式，是他享受母子天伦的幸福过程。然而，至情至教的张恨水怎么也没有想到，一九四六年他回安庆竟是与母亲的最后一次见面，当后他在北平得知母亲去世的消息，悲痛不绝，懊悔连连，甚至郁结于心，每每想到母亲临终也未能见上一面，他心里的悲伤阵阵涌来，只想痛哭。

一九五一年，张恨水一家搬到了砖塔胡同43号的小四合院里。那时他脑溢血住院，亏得周南精心照顾，又有政府的关心和朋友们的关爱，再加上孩子们的听话懂事，张恨水的病渐渐好转，甚至有了奇迹。不过他出院后虽说大病初愈，但说话行动都很不方便，在得到戴氏的照片后，他便把照片挂在北屋客厅正中墙上，每年的除夕，他都要让二子张二水在院子里燃放鞭炮，他则点上蜡烛，毕恭毕敬地向戴氏照片跪拜。年年的三十晚上，他都要“接祖宗回家过年”。张恨水很认真地做着这些事，他没有要求子女也要跪拜，他对他们说：“这不是迷信，我是在做我心之所安的事，这样可以让我的思念，得到一些慰藉。”张恨水思念母亲的心情从没止歇，即便在一九六七的除夕，因“文化大革命”亲友们大都在劫难逃，生死未卜，张恨水的身体越发的虚弱不堪，行动也很不方便的情况下，他仍然没有忘记“接祖宗回家过年”。那时他的心情是极度郁闷的，可思念母亲的心情也同样让他坚持着虚弱的病体，让女儿张蓉蓉用白萝卜切成两个蜡烛台，点上红蜡，张伍夫妻俩则搀扶着他，颤颤巍巍地向照片里的戴氏磕头。张恨水凝望着戴氏的遗像，神情肃穆，嘴里喃喃地说着什么，孺慕之思的神情在旁人看来，竟是如此的心酸。

第二十三章

黑暗中，张恨水哽咽地叹息着，母亲和周南已经离他而去，而今他在这黑暗中，回忆潮水般涌来，似在向他诉说这一生的艰辛和欢乐，似要让他再有那么片刻的宁静去感受他洋洋洒洒三千万言的文字之趣。

张恨水的一生都与写作为伍，笔杆子成了他生命的一部分，或者这样说，笔杆子是他的影子，哪里有他哪里就有笔杆子。自加入新闻界成为新闻记者的那一天起，张恨水既要创作文学作品，又要采编新闻负责报社副刊的运作。如果说，除了和周南在一起的快乐，还要让他说出第二份快乐的话，那当是他在一九三零年二月辞去《世界日报》工作以后的那段时期了。不用采访新闻，不用编辑新闻稿，不操心版面，总之就是没有编务缠身，一天的时间都属于他自己。以前的张恨水每天都在极其紧张和忙碌的工作中度过，而今一旦辞去了报务工作，他反而手足无措起来。如此他还曾自嘲地说："我是个推磨的驴子，每日总得工作。除了生病或旅行，我没有工作，就比不吃饭都难受。我是个贱命，我不欢迎假期，我也不需要长时间的休息。”

既然不需要，那就要为自己多多“加油”。每晚躺上床后，张恨水都要看个一两小时的书，他什么都看，历史的、哲学的、文艺的，都是他“加油”的最好材料。那时候他坚持每天从上午9点开始写作，直至下午六七点钟才停笔。晚饭后，偶尔的和周去听场京戏或看场电影，如果不去看的话，他会休息一会儿，喝点浓茶，聊聊家常，然后继续写作，直至凌晨。张恨水可以用一天的时间一心一意地写作，什么都不用操心，没有了工作的烦恼，家里的大小事务都同周南一手包办，这样的时光张恨水又怎会不感到愉悦呢。正因为这样，在这段时间里，他写下了大量脍炙人口的作品，《黄金时代》（后易名《似水流年》）、《青年时代》（后易名《现代青年》）和《过渡时代》被人们称之为“张恨水三大时代”，不止如此，他还创作了《满江红》《落霞孤鹜》《美人恩》《欢喜冤家》（后易名《天河配》）、《杨柳青青》《太平花》《满城风雨》《北雁南飞》《燕归来》《小西天》《艺术之宫》等等。大量作品的问世，带来的不只是他的精神上的愉悦，还带来了不错的稿费收入，让他轻松地用稿费解决了弟弟妹妹们的婚嫁、教育等大事，兑现了他在父亲病榻前的承诺。

在张恨水十七岁的时候，他是彷徨的，也是害怕的，因为他再也不是可以过着优渥生活的富家子弟，再也不能够随心所欲地读他喜欢的书，更别提留学欧洲。尽管那时母亲戴信兰才三十多岁，却已是失去丈夫依靠后，需要依靠儿女撑过艰难岁月的中年寡妇了。为了母亲，为了年幼的弟弟妹妹，张恨水咬牙承担了肩上骤然落下的责任，向病榻上的父亲郑重承诺。可承诺容易，兑现却难，到处闯荡，四处漂泊，外面的艰辛只有他自己能体会。“父母在，不远游”，他不止常年在外，不能侍奉母亲跟前，就连母亲去世后他都没能尽最后的孝道，遗憾和悲伤常常让他黯然。

想起每天晚饭后为母亲阅读报上连载的《金粉世家》，张恨水轻轻地乐了一下，那种宛如童年偎在母亲身边撒娇的感觉重又回来。似乎能够写出令母亲喜欢的小说，是他一生里最高兴的事了。说来倒也是有趣得很，《金粉世家》不止母亲戴信兰喜欢看，自连载起，也是最受女读者的欢迎，上至粗通文字的老太太，下至课堂读书的女学生，都喜欢《金粉世家》，若是有机会遇到张恨水，那些女读者就会抛出《金粉世家》的问题来问他，奇奇怪怪的问题都有。大概读者们太喜欢“冷清秋”这个人物了，张恨水自是也喜欢这个人物的，到底他倾注了心血在里面，精心塑造角色。在他笔下，着力刻画的冷清秋虽然生活在豪门之家，却能保持清醒的头脑和自尊的人格，她受尽了藐视和轻慢之后，能够勇敢地提出“离婚”，不屈服于男人，不苛活于豪门。如此女子，莫怪乎连戴信兰也是喜欢的。

想到这，张恨水忽忆起了《金粉世家》在连载时的一件趣事。其实也没什么，就是《金粉世家》中有写道在昆明湖发现冷清秋丢失的鞋，读者预感不妙，纷纷写信给张恨水，让他“笔下超生”，不能叫冷清秋死去。信件很多，几乎清一色的全是为冷清秋“请命”。读者在信中对冷清秋在大火中携幼子出走的凄惨命运和傲然自强的性格纷纷表示同情和难过，不止读者，就连张恨水的至交、曾任职《世界日报》的万枚子，看到这里时，也和他的夫人相对而泣，为冷清秋的命运揪心。除了有读者表达对冷清秋命运的担心，也有一两个稍稍冲动的读者在信中辱骂张恨水，对他将冷清秋写死表达强烈的不满。

这一生一路走来，他的作品能被人们如此欢迎，张恨水总是不胜惶惶。对于读者们雪片般的为女主人公“请命”，也是好笑而又严谨地对待。《金粉世家》如此，《春明外史》的女主人公梨云积郁成疾命在旦夕时，读者同样为梨云“请命”。只可惜天不遂人愿，原以为直至他生命的最后一天，他还能写出更多的作品。张恨水一直有个强烈的愿望想要写一部《中国小说史》，为此他走遍了北平各大图书馆和旧书店、旧书摊，搜集了许多珍贵的小说版本。仅《水浒》一书，他就收集到了七八种不同的版本，就连被胡适称为124回的海内孤本，他也在琉璃厂买到一部，后在安庆又买到两部。又如《封神演义》，日本帝国图书馆里有一部许仲琳著的版本，国内从未见过，张恨水居然在宣武门小市上买到一套，上面还刻有“金陵许仲琳著”的字样，只可惜缺了一本。后来张恨水还曾在一位专门收集中国小说的马毓清处，见过一部《三刻拍案惊奇》。这些资料极其宝贵，能收集到这些，纵是辛苦他却爱得不得了，小心呵护仿佛自己的孩子。有了这些弥足珍贵的资料，张恨水信心满满地正要准备全身心地投入到《中国小说史》的写作中去时，抗战爆发，他辛苦搜集到的宝贵资料，全都毁于战火。自此后，张恨水再也没有经济能力，也没有精力去寻觅那些珍贵无比的小说史料，《中国小说史》成了张恨水的一个的遗憾。

另外一个遗憾，则是张恨水一改往日文风，进行全新尝试的《巴山夜雨》虽也取得了不错的反响，赢得了读者的喜爱，可这部作品竟然是他生病前的最后一部长篇小说。后来患了脑溢血的他虽病愈后也有创作，可到底身体状况及记忆力都大不如前，不得不承认，后面写的作品都没有《巴山夜雨》的好。

对这部作品张恨水倾注的心思不比写《春明外史》《金粉世家》和《啼笑因缘》的少，他更是有意在内容上和形式上进行一次新的探索和尝试，可以说，是他对自己进行一次新的挑战。写的同样是章回小说，可从书的内容、形式、文风，都和他以往的作品不同，出现在读者面前的《巴山夜雨》完全是新得让人惊喜。

在重庆《新民报》工作期间，张恨水就曾有过表示，他将在五年中集中精力去写一部分量较重的长篇小说。他甚至选好了题材，将背景设置为他和周南居住的郊野南温泉，“将以其自身之生活为经，而以此一小社会之种种动态为纬”。这部《巴山夜雨》他酝酿已久，甚至还借唐诗人李商隐的《夜雨寄北》：“君问归期未有期，巴山夜雨涨秋池。何当共剪西窗烛，共话巴山夜雨时。”取其诗句作小说名。

八年抗战，中国付出了3500万同胞生命的惨重代价，张恨水“痛定思痛”地怀着历史的使命感和对社会的责任感，用他忧国忧民的爱国情怀，“爱之愈深，责之愈切”的炽热感，以冷峻理性的笔触，在控诉日寇的战争暴行同时率先对民族心理进行探索解剖国人在抗战中表现出的“劣根性”。小说以主人公李南泉为轴心，通过在战争的铸炼中，坚持抗战，坚信胜利必将到来，却又无可奈何地冷眼旁观着“村民们”的“桃色新闻”，向读者展现了一幅蜀东山村众生图。而在一次又一次的事件中，李南泉的思想也得到了锻造，随着战争的深入，他逐步清醒，在沉思中反省，“预感到社会要有一次大的变革”。不止如此，张恨水还在《巴山夜雨》运用了大量的篇幅来描述侵华日寇惨绝人寰的暴行，对日本侵略者擢发难数的罪行，进行了血泪的控诉和愤怒的声讨。

小说里，主人公李南泉并不是不分是非的好战者，他清醒地认识到，中国人民是为了保卫自己的家园而被迫还击，是正义的自卫。他说："中国人若不能对日本人予以报复，这委屈实在太大了。"他还进一步指出："发动侵略的国家，也只是为了少数人的利益，人民同样是被害者。"他发人深省地说："若是日本失败了，这辈发动战争的人，他牺牲是活该。后一辈子的人，还得跟着牺牲，来还这笔侵略的债，岂不是冤上加冤？"正是这种强烈的爱国心和对战争的深刻思考，使张恨水对那些在国难期间自诩为知识分子的人的胡闹和自私行为，更是发出了"天作孽，犹可恕，自作孽，不可活"的感叹。由于小说是以张恨水在重庆居住的南温泉为背景，又将他自身经历的生活写进小说，故而又有人说《巴山夜雨》是张恨水的又一个"夫子自道"。此前的《北雁南飞》和《春明外史》就曾被评论为是他的《夫子自道》，但对张恨水来说，不过是将生活进行锤炼的艺术再加工，而《北雁南飞》不过是张恨水对三湖镇这个风光旖旎的水乡有着深厚的感情，而将他少年读书的生活环境进行了细致真实的描写罢了。

第二十四章

黑暗中，张恨水忽感觉原本已经消失的眩晕感忽阵阵袭来，头重脚轻的，还使不上力，想动一下，竟不能动弹了。他想要说点什么，张张嘴竟感觉到了舌头似歪了，“呜呜呜”的，说的是什么，他自己都听不清楚。耳边，忽听到了乱哄哄的声音，他不想听见，他只想在书房里读喜欢的《四部备要》，就算不能行动和说话了，只要还能看书就好。

他是怎么生病的？怎么竟就不能说话，半边身子瘫了呢？想起往事，身体已经冷得渐渐僵硬的张恨水用稍稍还能动的手摸了摸胸腔，心没再跳动了吗？他的手是凉的，他的心，也是凉的。

还记得在一九五五年的时候，他去安庆看望徐文淑，陪她说说话，买米买油尽量的为她准备生活日常所需。他本想让徐文淑去北京居住，可她被划为地主，想要离开安庆实是有些困难。况且徐文淑也不愿去别的地方了，她觉得北京已经待过，大房子也住过，每个月还有张恨水给她的五十块生活费，嫁了个“摇钱树”，她已经很知足了，在安庆过得也挺好的，她住的那座小楼很安静，不会有人来打扰，她喜欢住在那里。张恨水默默地看着徐文淑在说这些话时眼中并无神采，她甚至身体已经没有以前好了，尽管满脸笑意，仍掩饰不住深锁的眉头，她脸上的皱纹也都清清楚楚地显现出来。张恨水轻轻叹了口气，当年的徐大毛虽说长得又黑又丑，身体矮胖难看，毫无大家闺秀可言，可这几十年来，他在外漂泊闯荡，全靠她侍奉母亲，后来还帮胡秋霞带孩子。可叹由她所生的长女夭折，后来虽得一子，竟又夭折。难得的是，徐文淑并不因为胡秋霞和周南为他生儿育女而怨恨张恨水，反而一味地责怪自己，说她命薄福薄，怪不得别人。

她和他是一样的步入老年了，偏偏她不愿去北京住，张恨水也只得安慰她一番，尽量的抽时间就来安庆看望她。只是，到底他和她的夫妻缘分已尽，在一九五八年十月的一天，徐文淑上街去给从小抚育宛如半个儿子的张晓水寄信时跌倒在地，虽有路人帮忙送去医院抢救，仍中风病逝。想到这里，张恨水的心越发的凄凉，他能感受孤苦无依的徐文淑跌在地上看着天空时的无助感，因为他就曾这样，无助地想要动，却不能自已。

他依稀记得，他是在第二任妻子胡秋霞生下女儿张正的第二年生病的。但是为什么会有这样一场来势汹汹的病呢？自回北京办《新民报》，他感觉到办报的不如意，虽说八年抗战胜利，可是时局仍然紧张，在风雨飘摇的北平，报纸受到的压力是越来越大。让他说假话只会让他良心不安，心不甘情不愿的骗人，虽能图报纸一时之平安，不会被查封，可到底不是他为人之道。苦苦支撑《新民报》一直到一九四八年，张恨水再也不愿过种不甘亦不忍的生活，他无奈地选择了辞职，结束了他长达三十年的报人生涯。

不再理会报社的事，张恨水的生活回到了平淡如水的状态。每日吃完早点，看报纸，写作，教孩子们读书，和周南聊天，偶尔的唱段京戏，或是拉拉二胡。可谁知有一天，他拿起《新民报》阅读时，才知道他竟上了头版头条。新闻标题赫然写着《<北京新民报>在国特统治下被迫害的一夜》，张恨水吓了一跳，连忙读下去，文章内容才读到一半，他的背上已是冷汗涔涔，眉头也紧皱得似能夹死蚊子。这篇新闻稿，捏造了张恨水大量的罪名，夸张的言辞，罗列的种种罪状，几乎将他说成他是国民党的特务。张恨水在外闯荡几十年，什么样的人都见识过，可依然捉摸不透人心，所谓的“江湖险恶”竟比不上“人心的险恶”。愤怒、不安、焦躁，种种情绪涌来，想要为自己洗刷冤屈，可去哪里诉说。一生不入党派，一生不与人结怨，一生不去辩解，现在，他又能为自己做些什么，说些什么？

张恨水紧紧地抓着报纸，揉成一团，手微微颤抖着，嘴唇也微微颤动着，脸色凝重，半天不发一语。周南早已看到报纸上的新闻，她在心里为他担忧，却没表现出来，只如往常般跟他说话，东扯一句西聊一句，讲潜山老家的趣事，讲胡秋霞生的女儿如何漂亮，尽量地让张恨水转移注意力。张恨水岂会不明白爱妻的良苦用心，他唯有强颜欢笑，故作无所谓，只是心里始终像有一块砖头压着他，让他喘不过气来，因为他以后再也不能写作了。

周南提到了故乡潜山，张恨水不免想起了老家的亲人，想到胡秋霞又添一女，徐文淑却无儿无女陪伴，三十年来替他尽孝照顾母亲，张恨水自是又感激又悲叹。既然他现在已离开报社，干脆找个时间回潜山看望徐文淑，多陪陪母亲。他这样计划着，跟周南商量后，周南原本脸上的微笑突然凝住，她怔怔地看着张恨水，他并没有看着她，他的手里还拿着揉成一团的报纸。他虽跟着说话，心思却还在报纸上，甚至她好一会儿没说话了，他也没有察觉。最后，周南只能说好，依着张恨水的想法，他要做什么，她便陪他做什么。然而，纸是包不住火的，过了几天，身在家乡安庆的大妹张其范给张恨水打来电报，说家乡土改，徐文淑被划为地主，不止如此，抗战时期保存在山岩寨的十二箱书和手稿也已被人付之一炬。土改运动规模和声势，张恨水岂会不知，想到徐文淑骤然遭到的磨难，还有他视如生命的书一夕全毁，原本还有些想法的张恨水只感觉人好像懵了，脑袋里轰的一声，心一下子似被掏空。

呼吸变得困难起来，茫然无措的张恨水两眼发直，呆呆地看着电报上的文字，半天回不过神来。缓缓地，努力调整情绪的张恨水把视线重新放在电报上，一遍又一遍地在心里念着上面的文字。他希望他是念错了的，可是电报上的内容实在是清清楚楚，令人怀疑不得。“文淑被划地主了，文淑被划为地主……”张恨水喃喃念着，担心着急地望向周南，问道：“你说文淑会不会有事？她会不会出事？”张恨水虽和徐文淑之间没有爱情，可三十多年的夫妻缘分，在他的心里，她是孝顺的好儿媳，子女眼中的好“妈妈”，他对她有家人亲人的感情在里面，自己的亲人受苦，又怎会不担心。周南和张恨水一样的心急，她也只有好好地安慰劝解，让张恨水宽心。沉默了一会后，原本坐着的张恨水忽然站起身来，脸色忽变得苍白，整个人颤抖得几乎站立不稳。周南见状，连忙一把扶住，她紧张地呼喊惊动了正在温习功课的二子张二水和小儿子张伍。等他俩从房里奔来，却见张恨水已好了很多，正坐在椅上大力地喘气，神情渐渐平缓。“我没事，只是你们大妈出了点事，爸爸有些担心。”周南正暗暗松了口气，哪知张恨水已问道：“你们拍个电报回去，问问你大姑姑，奶奶身体如何，有没有因为你们大妈的事而吓着？”众人你望望我，我望望你，谁都不敢吭声，最后眼睛全望向了周南。

张恨水察觉到了不对劲，他看着周南，眼中尽是疑惑。周南自知事到如今，已隐瞒不过，只得委婉地告诉张恨水，在几个月前母亲已经病逝。张恨水不敢相信地瞪着周南，他顾不得去责问周南为何要隐瞒，他的脑海里只有周南轻声沉痛的无奈声音：“母亲在几个月前就已经病逝了，因你身体不好，报社的事也让你烦心，所以不忍告诉你……”积压在心里的郁闷令张恨水心疼得不能呼吸，整个人也如喝了酒般歪歪倒倒，他呆呆地看着爱妻和儿女，头竟有些眩晕起来。

自张恨水脑溢血住院后，没有了稿费后支撑全家生活的经济来源断绝，生活一下子跌到谷底。周南为了给他治病，卖掉了先前的大宅子，把家搬到砖塔胡同四十三号的一个小院子。而胡秋霞心里虽挂念着张恨水，奈何那个小院子屋少人多，为了让张恨水无后顾之忧，尚在哺乳期的她和周南轮番照顾张恨水，待他病好转后，她便带着女儿张正搬到儿子张小水工作的人民大学，之后常常过来串门探望他。幸好在全家陷入困境的时候，经工作人员向周恩来总理汇报，得到了政府的帮助，文化部特聘他为顾问，享受供给制，每月六百斤米保障了张家的基本生活。之后周南的精心照顾，胡秋霞温暖却不让他烦恼的关心，还有儿女们的懂事及孝顺，令张恨水对生活由开始的烦躁消沉到后来的希望和动力，身体竟奇迹般地开始好转。待他终于练到能拿笔写字时，他又开始了新的创作。张恨水不想给政府添麻烦，他主动辞去了当时政务院总理周恩来照顾他的中央文化部“顾问”的职务，在家里开始根据一些烂熟于心的历史题材，为香港《大公报》和中国新闻社写下了《梁山伯与祝英台》《白蛇传》《孔雀东南飞》《孟姜女》等十几部长篇小说。有了稿费收入，全家人的生计终于又有了着落。

第二十五章

然而，上天虽延续了他的生命，却让他倾心一生的爱妻周南患上癌症。周南的身体虽说有些单薄，但整体健康却还不错，然而多年来的积劳成疾，至令她在一九五六年的时候身体有恙，后去检查却被告知罹患乳腺癌。做了第一次手术后没有多久，周南的病情就再度恶化，紧接着做了第二次手术。为了不让丈夫担心，不影响他的工作，周南默默地承受着病痛带来的痛苦，每天笑脸迎人，直到卧床不起。此时，张恨水才意识到她已经病入膏肓，看着周南备受折磨，张恨水心里如刀绞割，只可叹遍请名医也无济于事。最终为他生了六个孩子，与他心心相印、相濡以沫的周南带着遗憾和不忍，离开了张恨水和这个让她爱过苦过却无怨无悔的人世间。在周南闭上眼的那一刻，张恨水的灵魂似乎也跟着周南去了。而让张恨水接连受到打击的还有徐文淑的病逝。她也和他一样中风，在医院抢救无效病逝时，当时的张恨水还在忙着照顾准备做手术的周南。当徐文淑病逝的消息传来，张恨水唯有

张恨水与爱妻周南

让被徐文淑视为半个儿子的张晓水日夜兼程赶往安庆料理后事。此时的张恨水，中过风的身体并没有恢复到常人状态，接二连三的打击令他的身体日益变差，他的生命步入了真正的黄昏。

抚了抚心脏似乎已没有跳动的胸腔，张恨水眼眶隐隐泛起了泪。一九六六年于他来说，是在恐慌中度过，困惑缠绕着他，却已没有精力去想明白为什么，他的心思全放在了儿女的身上，虚弱的身体也已没有能力去搞创作，每日里只担心着红兵小将突然的闯入。满城风雨的狂暴，令这个虚弱的老人再也没有心力去侍弄花草，去舞文弄黑，全家忐忑不安地过着每一日，报纸上批这个斗那个的消息似一个巨大的旋涡，紧紧地裹着张恨水那颗已不再有活力的心，他的身体日益严重，常常在死亡线上徘徊。

在经历了三次脑血管痉挛后，张恨水的身体更加虚弱，每次

都是昏迷不醒，一住院至少要待上个把月。医生早叫儿女们准备后事，张恨水虽在病房里，却清楚病房外医生是如何叮嘱。可他哪里能停止跟命运的抗争，大女儿张明明从中央工艺美术学院毕业后，去四川参加“四清”，已过一年期限，却没有回来的消息，二女儿张蓉蓉随中央美术学院去河北邢台参加“社教”，也不在他身边，就连张伍夫妻俩也即将要去甘肃参加“四清”……儿女们的未来令他担忧，在“猛烈的暴风雨”侵袭下，他只想在这座小院子里，跟花草一起，跟他的《四部备要》一起，还有一直陪在他身边的照片里笑容甜美的周南一起，守护着这个家，守护着他所爱的每一个人。

每次住院，胡秋霞在照顾他时常常躲着掉眼泪，可又不肯认命，她细心照顾着，做不动了，累了，便由儿女们来替换。原本大家是不愿让也已是个老太太的胡秋霞这般劳累，可胡秋霞却固执地一定要守在医院里，她说她是要代替周南妹妹照顾老头子，不让她在天之灵不安。听到她这样说，所有人都沉默了。张恨水也不愿就这么撒手离开，他要看着亲人们都能好好地活着，也不要让他们在担惊受怕地过着每天的生活时还要为他操心，或许是他的生命还没到尽头，明明已现死亡之象，可他仍然奇迹般地活过来了。生命力之大，连他自己都不敢相信。不过大病后的他，行动和说话都已经很困难，儿女们又是天南地北，再加上日渐紧张的形势，友人们能来串门的可能性渺茫，家里显得冷冷清清，没有了热闹的人气，似乎院子里的花草也荒芜了。

整日闷闷地坐在书房里，要么望着院里的花草发呆，要么与《四部备要》为伴，虽然张二水和张伍两个儿子孝顺懂事地每天晚饭后都会到书房陪他聊天，可是在那样的环境下，人的心情怎么会好呢，聊天的内容也如何开心得起来呢。更何况以前是至少有十几个人在一起热热闹闹生活，而在周南病逝后，胡秋霞并没有过来同住，家里冷清得要命，哪里还有往日的欢乐。聊天说话，似乎张嘴吐出的是寒冰，冷得想笑却僵硬得笑不出来。

张恨水并不愿这样，他也想让两个儿子放心，可是他心里记挂着身在外地的女儿，记挂着不在他身边的每一个人。每天，报上的新闻都可能会出现的让他不愿看到的消息，但张恨水还是坚持看报，至少，如果报上没有他认识的人，那么那一刻或是那一天，他的心情能稍稍平静些。

可是有一天他却害怕了，报上的新闻令他胆战心惊，平素冷静的他猛然“啊”的一声惊叫，不待张伍跑进来，张恨水已跌跌撞撞地奔出书房，手里攥着报纸，紧张地抓着张伍的手，着急地努力表达，可他口齿不清，说的话连他自己也听得着急：“你看，邢台发生地震了！你快到蓉儿的学校打听消息，快，快……”幸好张伍听懂了他的意思，他连忙安抚张恨水，又叫来其他人把张恨水扶回屋里休息，为免张恨水再着急，他匆匆忙忙骑车赶往中央美术学院去打听消息。张恨水却没有回屋里等着，他一直在院里焦虑不安地在院子里徘徊，无论孩子们如何哀求让他回屋，他却怎么也不肯答应，满脸焦急紧张地盼着张伍能带回好消息。好不容易看到张伍进门的身影，张恨水在家人的搀扶下，跌撞着冲了上去，不待张伍停好自行车，就急急地问道：“怎样？蓉儿怎样了？”张伍朝张恨水露出安心的笑容，说：“我听校方负责人说，学生所在地离震中较远，波及不大，学生安全无恙。”张伍的声音沉稳坚定，张恨水知道女儿蓉蓉并没有出事，安安全全地还在学校里，他的心终于稳稳地似一块石头落了地，脸上的担忧也消失

了，整个人才又放松下来。而这一放松，令他的身体骤然失去坚持，待众人惊慌地将他送回屋里，张恨水又在床上躺了很久。

除了对女儿蓉蓉的担忧，张恨水也担忧着身在四川的女儿明明。暴风雨侵袭的不只是北京，全国各地掀起的运动让他害怕，而这时的他已是七十二岁的老人了，也只有对儿女的爱和关心才能让他一天又一天的顽强地活下去。在邢台地震的几天后，张恨水就用颤抖的手伏在书桌上，给大女儿张明明写了溢满强烈父爱的一封信。他在信里写道："明明吾儿：我在 4 月 13 日傍晚五点十几分，接到你亲笔信，非常高兴。你说的你在青年有一番贡献要献给国家，是呀！我非常同意你的主张。我现在（是）72 岁的人。说我落后，我也承认，但你们要前进，我绝不能在后面拉你们的后腿。你们放手前进吧！……前日发动（表）一个消息，河北邢台几县五点十几分，发生地震，有好几县人畜颇有损失，我听了这话，顿时就急得什么（似的），赶快就命伍哥向中央美术学院打听，还好，一会儿美术学院向各家发通知，邢台县发生地震，学生都无事，你那儿想必吃了一惊。信尾忽然看有你一首七绝，你押韵押得都不错，只是平仄调换的不对，这不要忙，用心学一学就会了，等你回家来慢慢儿学吧。此祝进步！我写字还是不行，这封信写了我一夜。"信是四月十六日写的，张恨水落款后，才长长地松了口气。望着信上密密麻麻的文字，似乎信已飞向女儿张明明那里，似乎女儿已经在读着他写的每一个字。

冷清孤寂的生活除了写信，将他的关心和爱通过笔表达出来，张恨水似已不知他还能再做些什么，心里才能感觉得到安慰，感觉到生活依然还有希望。在张伍即将要去参加"四清"时，他又赶紧给张蓉蓉写信，内容没多少，只是说明女儿寄来的信他已经看了，他也把张蓉蓉在学校的学习生活费用的钱给了张伍，再由张伍转交给她。末了在最后，他无不难过地说“在陕西交界的地方，搞的是‘四清’，一半年才能回来，大约你二人不会回（会）面了”。

每次写完信，张恨水都要亲自去邮局邮寄，就算去不了邮寄，也要亲自放进邮筒。这或许是跟他的习惯有关，不管是寄信还是邮寄稿件，从来都不假手于人，甚至连回复从未谋面的读者来信，他也都要做到亲自执笔。对他来说，认真地写一封信，到邮寄，是一个尊重自己也尊重他人的一个过程，诚实守信、说到做到，即便他现在行动不便双腿不再像以前的灵活，他也要亲自去寄。张伍曾经请求过很多次，由他代寄，张恨水却不同意，最多退让一步由张伍陪同前往。只是寄了信后，似乎就又做不了什么了，于是他的心里便开始了一天天的盼望，盼着女儿的回信快点到来。倘若回信迟了，比他预想的天数要晚得多，张恨水便又彻夜难眠，辗转反侧，甚至睡到半夜醒了，枕着枕头哭。

第二十六章

没有了周南的陪伴，每日除了看着照片思念爱妻，张恨水所有心思全放在了儿女身上。在那个风雨飘摇的年月里，他总是提心吊胆地过着每一天，尽管儿女们小心地谨慎地照顾着他的情绪，外面的消息不让他知道，可是他又怎么可能不知道呢。他的身体他很清楚，只要家人们好好的，老友们好好的，他也会好好的。每天张伍等人都要去上班，他心里其实是明白的，那个环境里早已无“班”可上，孩子们去到单位也是去“搞”批斗。他不担心自己，他只担心孩子们早上去了，晚上能否平安回来。每次出门，孩子们都要来跟他请早安，为他安排好他的饮食和水，为他准备好他想要看书。这么孝顺的孩子，当看到他们踏出房门的时候，穿过天井走到大门的时候，从窗子里凝望着他们的张恨水在心里默默念着盼关。好不容易天暗了，看到儿女们回到家喊他“爸爸”的时候，张恨水嘴上没说什么，眼眶却是湿润的。那一天，没有谁被“揪”出来隔离审查，他和他的儿女们是安全的，是安然无恙的。

活着，似乎成了他的煎熬。他多想随周南而去，但是作为父亲，他有责任守护这个家，尽管更多时候他成了儿女们的负累。在这不正常的日子里，张恨水常常在吃饭的时候让儿女们将好菜多备留着，虽然老友们不可能天天来看他，可是倘若来了却没有好菜招待，他的心里就会纠结，恨不能亲自去厨房做菜。他的厨艺虽比不得周南，也比不得胡秋霞，可是做几个菜还是可以的，他做的回锅肉就得到了大家的称赞。只是到底他并没有如愿见到老友，多想跟他们畅聊啊，文学也好厨艺也好，聚一聚，这心也就不怎么孤单了。儿女们却隐瞒着不肯告诉他，每每他提起周瘦鹃、张友鸾等老友们的名字，儿女们脸色立变，马上拿另一个话题绕开，倘若他继续问下去，他们更会和他聊起周南的往事，转移他的注意力。

是的，他身上有病，行不能动，言不能语，似乎风一吹便会将他吹走。如此虚弱的他似乎已经禁不起狂风暴雨的袭击了，躲在儿女们的温言软语的亲情关怀里，他的天空似乎是阳光明媚的，他的生活似乎从来都是安静悠闲的。然而，儿女们啊，却忘了他的耳朵，无时无刻都在听着外面的消息，他纵不想听，也不得不听。周瘦鹃被“揪”出来了吧？老舍被“揪”出来了吧？还有郝耕仁他们也都被“揪”出来了吧？他们是被关进了“牛棚”吗？所以至今都未能来看他。而他，颤颤巍巍地除了瘫坐在椅上望着窗外院里的花草发呆，他还能做些什么？除了哆哆嗦嗦地给女儿写信，他似乎已没能力去做什么了？

每日受着惊惶不知何日到头的煎熬，张恨水一边凝视着照片里笑得灿烂的周南，一边听着小院外面或远或近的高喊着“打倒”、

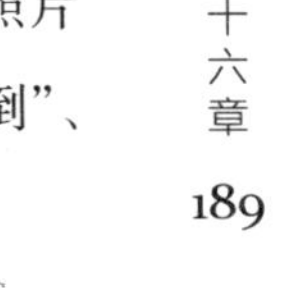

“砸烂”的喧嚣声。声音太高亢了，群情激奋的感觉似乎天是红的，人是红的，心也是红的，可偏偏仰头望去，天阴沉沉的，乌云压顶的感觉令人无法喘息，心胸憋闷，喉咙有如被一双巨大有力的手掐住，不能呼吸。一天又一天地听着喧闹声，张恨水的脸色苍白无血，原本就头痛晕眩的他在听着那些刺耳的声音，头越发的晕，有几次甚至支撑不住，晕厥过去。紧挨着他们家的左邻右舍都遭到了“抄家”的厄运，叫骂声、翻箱倒柜声，还有斥责打骂声，从隔壁清楚地传进小院里，传到张恨水的耳朵里。儿女们和他一样，胆战心惊地盯着大门，背脊生寒，就怕那些“红卫兵”走错了门或是兴之所至，来“造一下反”。老友们都被“揪”出来了，他又如何幸免得了呢？被冠上写“黄色小说”的鸳鸯蝴蝶派名号，说他是“四旧”，甚至曾说过他为国民党工作，可以说，他和他的儿女们是红卫兵眼中的“臭老九”，是资本主义的什么什么，随时可能被“揪”去批斗，随时被关“牛棚”。如果红卫兵来问他什么，他一定会据实说话，是写过才子佳人的传统文学，毫不犹豫地支持小说的“章回目”体，也跟张学良将军谋过面，等等等等。一生的经历，有风雨也有荣光，他不会隐瞒。怕就怕在红卫兵的眼里，就算他为了儿女们屈从，不言不语的年老病弱状态，他也是不揪不斗“没天理”的“臭老九”。

院里，小儿子正在大声地唱着革命歌曲，他小小充满稚气的脸庞上有着一种无法言明的斗志，或者在张恨水的眼里，那只能算是天真。大家都害怕小弟弟唱错了唱得不好惊怒红卫兵，在跟小弟弟解释的时候，只能委婉地告诉他为什么不能唱。屋里，张恨水一手拿着《四部备要》，一手按着桌子，颤巍巍地站着。他没有阻止，声音发出来连他自己都听不明白是在说些什么，他的眼睛一直看着乖巧的小儿子，嘴角微微上扬。这孩子的声音不错，稚懒中带着坚强，倘若唱戏一听很好听。要是周南在，她一定会高兴地教上两句吧。他是教不了了，他平时想喝点水都要让张伍他们努力的理解才能听明白。不能写作，说不了话，他这残躯究竟要如何才能好起来。现在他是要以此来安慰自己因为病了，深居简出，所以才能一时躲避着外面的风雨，苟活在这小院里吗？

黑暗里，张恨水越发感觉到冰凉，冷得他浑身发抖。那个黑暗的八月，或者说，一九六六年至一九六七年，这一年是最令人恐惧和绝望的岁月。尽管他在儿女们的保护下，以病残之躯苟活着，可是外面的风雨猛烈得令他无法呼吸，整日的提心吊胆，哪里还有着当年提笔当枪杆的勇劲。一九六六年的七月，“打倒”声疯狂般地在各处响起，愈喊愈大，纵在家中，张恨水也能感受到冰如寒冬的所谓“仲夏”。那个黑色的八月，疯狂的八月，愈刮愈烈的抄家之风，人人自危，个个害怕，谁都怕有一天大祸临头，谁都怕呼啸在耳边的“打倒”之声指的是自己。

张恨水常常沉默着，他不问儿女们外面如何，总是默默地看着周南的照片，偶尔和来看望他的胡秋霞说几句话，或者看着他喜欢的《四部备要》。连他自己也不明白，为何只要有时间就看这本书，已经看了不知多少回，却总是看不够，似乎怕看不完似的。其实，也是担心没得机会再看，就怕哪一天他的书会飞走，会被“处死”。照那时的标准，他的书还有他写的那些作品，是“毒草”也是“四旧”，是“破”的对象，是红卫兵想要打倒的对象。他天天拿着《四部备要》，相当于天天对着红卫兵的“枪口”吧。儿女们为了他的这些书，拼命地想办法，只是他的书太多了，藏也无处可藏，扔也无处可扔，送也无处可送。因为那个时候，个个都是“泥菩萨过江——自身难保”，谁敢帮忙收藏这些书？随时被冠上“反动”“四旧”甚至“造反”的罪名，转眼就会有抄家获罪之祸，避之犹恐不及，谁敢惹火烧身？最后儿女们只把他最喜欢的书和主要作品藏了起来，其余书籍也只得是听之任之了。儿女们为了他的这些书绞尽脑汁地想办法，甚至请求在他家做了四十多年的老奶妈放在她的农村家里，然而老奶妈哪敢帮这个忙，直说农村也不安全。如此，全家陷入了烦恼愁苦当中，他自是爱书如命，如果在放弃了很多书的情况下都不能留下一些他最喜欢的，那真的是比要他的命还让人痛苦。

既然放在农村行不通，所有人都拼命地转动脑筋想办法，想来想去，最后大家一起拍板：“豁出去了，就藏在家里！”虽说豁出去，不过张伍想了个“绝妙”的主意，他把书的封面撕了，张恨水的诗稿集《病中吟》《闲居吟》的封皮也撕去了。张伍说：“反正红卫兵是一群不学‘有术’的造反派，一旦被‘抄’出来，就说是我写的，也许能侥幸混过去。”张恨水望着他心爱的书被迫撕去封面，好好的书弄得不完整，他心里难过，不过儿女的孝顺和对他的担忧又让他感动，便任由张伍撕书的封面，他默默地看着他们把书用油布包起来，藏在煤缸里，或是把书藏在床底下。而他要么说会把书弄脏，要么说会把书弄潮。看着儿女们在听着他的“唠叨”后全都愁眉苦脸地望着他，张恨水无奈地叹气，没办法，真的会弄脏弄潮的呀。不过孩子们也是良苦用心了，总比一些亲友要胆大些，没有把书给烧了。

只是要藏这百十本书没那么简单，八月酷夏炎热，大伙儿从早到晚，搬来搬去，弄得浑身是土，浑身是汗。而张恨水就一直眼睛不离地跟在他们的后面，看着他们左放放，右藏藏，心里不放心，不管他们如何小心仔细的收藏，总是摇头，总说“不行”。大伙儿都明白，毕竟这是他一生的心血，谁都不忍心啊。最后，张伍无奈地只好把书依然放在旧书橱里，外面贴上白纸，算是“藏”好了。”不过了预防万一，除了主要的作品由他来保存外，手写的诗稿，和其余的书由其他兄妹保存，如此分散收藏，也是为了免得一人出事，书被“一网打尽”。看着孩子们如此为了他和他的书劳心劳力的，张恨水心里抑郁难受，如果真因为他的书而让孩子们出事的话，他宁愿所有书都跟着他，听天由命，也不要儿女们出事。谁都不要出事，一家人都要好好的。看着张伍把这上百本书，放在一个行李袋里，形影不离的生活，张恨水眼眶不禁湿润。

第二十七章

所有老友都被“揪”出来了，虽然儿女们都隐瞒着，可他还是能感觉得到的。家里留的菜，他们从来没有来吃过，原来说要来看他的最后都没有来。不知是遭到如何对待，听着外面的喧嚣声，看着报纸里报道的他人的结局，张恨水在心里为他的老友们捏着汗，提着胆，颤巍巍地看着小院门口紧闭的大门。

尽管家里个个提心吊胆，他却“幸免于难”，没有被当面批斗，甚至连家也没被“抄”。据张伍后来在《我的父亲张恨水》中分析，这种“奇迹”，看似意外，实则有因。首先是张恨水所在单位中央文史馆的保护，因为按照当时是非颠倒的标准，文史馆自然是“洪洞县内无好人,”大家“彼此彼此”。于是中央文史馆把招牌摘去，嘱咐馆员们都不要来上班，让“造反者”无从寻觅。第二原因则因张恨水生性淡泊，不喜欢抛头露面，加上他有病在身，深居简出，风头不健，不是“首当其冲者”，正所谓的“因病得福”。第三个原因，则是跟周南有关。周南一向乐善好施，急人危

由春风文艺出版社出版的《我的父亲张恨水》

难，凡是有求者，莫不慷慨相助，附近的左邻右舍，家家都得过她的钱与物相助。而周南的好人缘，也是这个“奇迹”的最主要原因。街道主任李嫂在家乡时，其夫在张恨水家做厨师，在周南的劝说下，李嫂的丈夫才回家接李嫂出来。临行前周南还给李嫂的丈夫做了新衣，买了礼物，好让他体体面面地回乡。后来李嫂到了北京，周南又收拾出家里的前院让他们夫妻住，还不收房租。不仅如此，新中国成立后，周南又给了李嫂夫妻俩一笔钱，让他们可以开个小店为生。这份当时仅仅是出自好心的帮助，被李嫂感激在心。按当时的规定，“红卫兵”要来抄家时，需“三结合”，就是经单位、派出所、居委会三方批准，李嫂那时已是街道主任，她在居委会对前来的红卫兵说：“张先生家我知道，他们是好人，除了书，没有别的！”红卫兵听到街道主任这样说，自是没有再多说什么，悻悻地转移目标寻找批斗对象。由于街道的保护，张恨水全家在那阴晦凄冷的风雨中，有惊无险地度过了艰难的每一天。

不过，在这艰难的备受煎熬的日子里，也并非每天都惶惶不可终日。十二月寒风呼啸的中旬，张恨水在儿女们的搀扶下，颤巍巍地扶着门框迎接离京两年半的大女儿张明明归来。那天，看到女儿明明，张恨水的脸上绽放出欣慰的笑容，寂寞冷清的小书房似乎也恢复了往日的生机，尽管大家不能开怀大笑，尽管笑得压抑沉闷，可毕竟让人感觉到了丝丝喜意，虽然周遭仍如一个巨大的黑幕笼罩着，让人憋屈抑郁。

明明是回来结婚的，只是在那样一个特殊的年月，她的婚礼并不能热热闹闹地敲锣打鼓放鞭炮贺喜，除了从简，还是从简。张恨水没忘记周南临终的嘱托，他努力地跟儿女表示，要尽量搞得欢乐喜庆一些。只是在外面饭馆吃饭已经不能随意了，随时会被“革命化”，张恨水最后只能邀请亲家在家里吃顿便饭，表

张恨水女儿张明明

示对亲家的敬重和这次两家结亲的欢喜之情。张恨水有病在身不能亲力亲为，却不甘愿天天待在小书房等着婚礼那天的到来。买菜买点心这些事统统交给张伍的妻子去办，他还叮嘱她不要舍不得花钱，尽力买得丰富一些。除此，他还让人搀扶着看看新房的布置，哪里不对，哪里太简陋，他都要努力的表达想法，让新房看着喜庆吉祥。等菜买来了，他又喊儿女们搀着他去厨房看菜做得如何。

夜深人静的时候，张恨水并不能马上睡着，他已很久都睡不着。躺在床上，他似乎闭着眼睛在睡觉，可孩子们来看他，替他盖被，他仍然是知道的。多少次在梦里，他渴望着梦到周南，跟她说说家常话，告诉她明明要结婚了。最近在忙着婚礼的安排，他感觉自己身体太弱了，竟然累得没有力气跟照片上的周南说话，这让他心里感到极大的愧疚，照片上周南却不在乎，她依然笑得灿烂，仿佛她知道明明要出嫁了，张家终于有喜庆的事了。

到了婚礼那天，张恨水虽然病体虚弱，却满脸欢喜。亲家来了后，大家高高兴兴地吃饭，之后又全家合影留念。尽管他身体有些累了，很少说话，却一直陪着亲家聊天，聊得最多的是儿女。无论儿女如何的顽皮或是乖巧，忽然有一天，长大了，女儿出嫁了。张恨水舍不得，因为女儿只有十几天的婚假，没多久，父女俩、兄妹们又将天各一方。

在明明结婚后的这十几天，张恨水是开心的，快乐的。儿女们都尽量地将时间留出来给他，尤其是晚饭后，大家都会到小书房里，和他围着炉子闲聊。屋外，寒风刮得猛烈，屋里炉子的火烧得旺旺的，整个屋子感觉到热乎乎的，喝着茶，天南海北地聊天，似乎外面喧嚣恐惧的世界离他们很远，远得根本没必要担心有一天天会塌下来似的。大家聊得很开心，张明明还把她在四川的一些见闻拿出来讲，张恨水侧耳听着，看着满屋的儿女，尤其看着作了新嫁娘的大女儿明明，他的脸上露出开心的笑容。夜渐深，小儿子已经开始摇头晃脑的打瞌睡了，儿女们也渐渐地露出了困倦，张恨水身虽疲累，却舍不得结束聊天，他忍着心里的难受，强笑着让儿女们去睡觉。每天他都尽量地跟大女儿聊天，却对她即将结束的婚假没有只言片语的表示，似乎女儿只是出门玩两天便会回来。可他心里清楚，跟大女儿的联系以后只能靠书信来倾诉了。儿女们天各一方，不能团圆在身边，在这个暗黑的风雨年月，能安慰的和祈愿的便是大家的身体安康，以及无灾无难。

时间过得真快，张恨水坐在屋子里，看着大女儿向他告别。明明舍不得走，却不得不走，她抱着张恨水瘦弱不堪的身体，依依不舍地说："爸爸，您一定要让自己高高兴兴的，不管发生什么事都不要让自己难过，更不要憋在心里不说出来。我不在您身边，靠兄弟妹妹们照顾，您一定要好好地保重身体。只要有时间我就会回来看爸爸，也会常常写信给爸爸的。"张恨水眼泪一下子涌了出来，看着女儿朝大门走去，张恨水踉踉跄跄地奔向大门。张伍吓得赶紧跑上前搀扶着，张恨水靠着张伍的身体勉力地支撑自己，紧紧握着女儿的手，痛哭失声地说："明明，爸爸怕是见不到你了……"这话一出，所有人都心酸得不忍再看，张伍扶着张恨水，朝张明明挥挥手让她走。张恨水颤抖着身体，依依不舍地放开女儿的手，看着张明明走一步回头望一下，走一步又回头望一下地跨出大门口。张恨水追了出去，直到看着张明明的身影消失在胡同拐弯处，仍凝望着前方，舍不得挪开眼。

时间一天天过去，张恨水的身体在这个寒冬变得越发的虚弱，他甚至不能好好地坐直身体，蜷缩在椅子上时，眼睛总是发怔地望着院里被雪覆盖着的白茫茫的一片，不发一语，眼中却透露出说不清的惆怅。儿女们只要有时间就会来陪他，看到他沉默的样子，问他怎么了，他只是微微的摇摇头，然后收回目光，看他一直放在桌上的《四部备要》。

过了这个寒冬，一切都会好的，春天很快就会来了。张恨水在心里喃喃地想着，眼睛从院里挪到了周南的照片，他的眼中有了一丝柔意，心也似欢喜起来。春节悄悄地来了，所有人在寒冬中煎熬着，仍带着希望期待着春节的到来，尽管这个世界正在“天翻地覆”。春，带给人们的是温暖，是复苏和希望。虽然街上的标语和打倒之声，仍是“如火如荼”，但北京市民还是没有忘掉这个带着祝福的传统佳节，凭着副食本和票证上的供应，忙着抢着采购年货，那种热闹到底还是呈现出了一丝年味。张恨水一直都在期盼着过年，他问儿女们外面如何了，当张伍告诉他街上人们在采购年货时，他听着精神竟似好了许多，高兴地说：“过年了，你二哥会回来的，小弟弟更是盼着过年。”

原本大家都没有心思过这个年的，毕竟在随时随地都可能被“揪”的环境下，谁都没有心情。只是难得年迈体弱的老父亲重视这个春节，满心期待地想要过这个春节，儿女们又怎么能不孝顺地依从老父亲的吩咐呢。

看着儿女们开始忙碌着置办年货，张恨水心里也高兴了许多，尤其小儿子张同兴奋地在院里跑来跑去地玩着球等着过年

时，他的嘴角忍不住扬起微笑。周南在，她一定比他还高兴，她会忙前忙后的置办年货，将家里上上下下里里外外的打扫干净，然后给他买新衣服。就算他觉得自己已经是个风烛残年的老头子了，她也认为新年一定要穿新衣服，那样他一年都会健健康康一帆风顺。张恨水希望过年时能看到大女儿，只是才刚出嫁，女儿自然是在夫家过年。不过还好，在除夕那天，在郊区上班的二子张二水和“停课闹革命”的二女儿张蓉蓉，都赶回来过年了。就算这个年在大风暴里冷清肃杀，张恨水依然没忘记要“接祖宗回家过年”。

张恨水在儿女们的搀扶下，颤抖着向母亲戴氏的照片跪拜辞岁，虚弱的身体并没有阻挡他对祖先的虔诚和忠孝。等儿女们把他扶起来坐在椅上，张恨水喘着气休息了一会，看到儿女们朝他望来那眼中的担忧，他只是淡然地笑笑，努力地让自己看起来很好，然后说道：“我向祖母跪拜辞岁，是我的习惯，不这样，心就不安。我不要求你们也这样做，但要你们看看，这不是迷信，是表达感情的方式，希望你们不要忘掉祖宗！”说完，张恨水疲累地闭上眼微微的休息了一会儿，在闭上眼的刹那，他仿佛听到耳畔传来收生姥姥高喊“洗三”的声音。

第二十八章

春节并不能让人永久的团圆，在稀稀落落的鞭炮声中，春节简简单单的结束了。张二水只有几天年假就得回到郊区单位上班，所谓上班仍旧是去参加“斗、批、改”，原本就已经不怎么热闹的家里一下子变得更加冷清，只剩下张伍夫妻俩和二女儿张蓉蓉及小儿子张同陪伴着张恨水。冷冷清清的屋院，几乎听不到说话声，张伍等人依着张恨水的吩咐留下一些菜准备招待客人，只是等了又等，从天亮等到天黑，又从天黑等到天亮，都没有一个客人敲门进来。张恨水独自坐在小书房里看书，这次他没有发怔，看一会儿书就会抬头举目望望大门，默默地望了一会，没有动静，又低下头看书。

难道他真的再也不能跟老友们见面了吗？张恨水虽低头在看书，心里却似淌血似的难受。如果他腿脚灵便，他一定会走出这个院子，去看看他数十年的知心老友们究竟是如何了。周瘦鹃没来看过他，张友鸾也很久没来看他，而帮他在南温泉寻得栖身之地的老舍，更是很久都没有见面。听儿子说老舍也生病了，在医

老　舍

院里住着，张恨水心里清楚，大概是文联把他给保护起来了，就像文史馆保护他一样。不过张恨水心里的感觉并不好，从去年八月他的感觉就很不好，问张伍老友们的情况，他总是支吾着说不知道，或者说没事，都在上班呢。想要从报上寻找消息，却已经没有报纸可看，家里很少有报纸了，不知是否怕他看到不好的消息，张伍更多的时候问他要不要看点别的书。那时他只得摇摇头，因为他只想看《四部备要》，看完一本接着看另一本。

春节虽然已过，可气候还是寒冷，春天的脚步来得很迟，正月初六对于张恨水来说，是腊月寒冬，从头到尾让他冷得发抖，冷得发寒。那天，张恨水的身体变得很差，很虚弱，似乎得了感冒，总是不断喘息，说话越发困难，只有手还稍稍有些灵活。张伍见他生病着急地要带他去看病，张恨水不愿意去花那钱，有些事他自己明白就可以了。面对张伍的不解，他说："只是有点小不舒适，不需要看病。"张伍哪能忍心看着老父亲这样受苦，他一直

张恨水

在劝他，劝多了张恨水有些不耐烦了：“不用看，看也没有用！”看到父亲发怒，张伍也不敢再坚持了。这样过了两天，张恨水越发虚弱，几乎只能躺在床上，且时常陷入昏迷状态。后来在众人的苦苦劝说下，张恨水拗不过只得答应第二天去看急诊。“爸，明儿早上您还要去看病，还是早点睡吧。”看着张伍替他把被子盖好，张恨水便把手上的《四部备要》放在枕边，答应着说了声：“好。”等他闭上眼睛睡觉，能感觉到张伍轻手轻脚地离开，并替他把灯给关了。

没有了灯，也就看不成书了。张恨水很想再看会书，只是他答应了儿子早点睡觉，而明天去医院是什么结果，他心里也不清楚。不过死神应是早在身边等待着了吧？张恨水在黑暗中默默地想着他上午在从包油条的半张传单上看到的老舍投湖的消息。那是张几个月前的旧传单，他却在几个月后才看到，心一下子酸楚得很想大哭，可他哪里哭得出来，就连眼泪他也不愿流一滴。不

为别的，只是不想让孝顺的儿女们为他担忧。老舍所受的羞辱他虽没亲眼见到，可也想象得出来，是如何的被冠上“反动权威”的罪名，如何的被批斗，否则岂会不惜生命的投了那太平湖。投了太平湖，老舍竟然就这样投了太平湖……张恨水的眼眶还是慢慢地湿润了。窗外夜色皎洁地透过窗户洒了进来，黑暗慢慢地有了一丝银白，张恨水拥着被，静静地躺着，胸口喘息的越发厉害，而他的脑海里，总是老舍投湖的悲愤样子。

老友惨遭噩运，张恨水忽感觉自己在人世间的日子似乎也应该到头了，从前把酒谈诗尽情写文的岁月以后将不会再来，所以那些年菜都白留了，因为老友们只怕也都如老舍般结局，他想要再跟他们聚聚聊聊，是再也不可能的了。黑暗中，张恨水轻轻地叹了口气，他这一生活得够久了，也荣耀过，也幸福过。唯一可叹的是，周南走在了他的前面，让他苦苦思念了好几年。现在，

张恨水雕像

他也该走了，去一个可以和老友们聚会的地方，如果有那样一个地方的话。

农历正月初七的早晨，六点五十分，张恨水停止了呼吸。闭上眼睛的刹那，他感觉自己前所未有的轻松，身体上的痛苦似乎全都消失，头也不再眩晕，心里的压抑也全都释放了出来。仿佛看到了周南，她微笑着朝他伸手，她说她等他好久了，想要他陪着她一起再去看看“断桥残雪”。

黑暗里，张恨水微笑着，说了声“好”。

张恨水年谱

1895 年（光绪二十一年）

5 月 18 日（农历四月二十四日），出生于江西广信府（今上饶地区）其祖父参将衙中。曾名芳贵，学名张心远，谱名芳松。1914 年始用“恨水”为笔名，1919 年后，还用过哀梨、旧燕等笔名 30 余个。

其原籍安徽潜山，祖父号开甲，曾任参将，驻江西广信府。其父名钰，在江西厘卡子上任税务官。

1898 年（光绪二十四年），3 岁

大弟啸空出生。

1901 年（光绪二十七年），6 岁

入蒙学，读“三百千”及“上下论”等。

祖父病故，其人品及高超的武功对张恨水有很深的影响，为之日后改良武侠小说创作的重要基础。

1902 年（光绪二十八年），7 岁

其父调至景德镇，全家随往，张恨水继续在蒙学读“四书五经”。

1903 年（光绪二十九年），8 岁

开始对古书产生兴趣，聪颖好学，深受先生喜爱，并被乡人誉为“神童”，从此与书结下不解之缘。

1904 年（光绪三十年），9 岁

其父赴南昌任职，全家随往。张恨水进一父执家馆读书，读《易字蒙求》《蒙学读本》等。下半年，转入另一学生较多的私塾，读《左传》《二论引端》。

大妹其范出生。

1905 年（光绪三十一年），10 岁

年初，其父调江西新城（今黎川县）任职，全家随往。张恨水与弟在家师从端木先生读书，学业大有长进，并开始接触小说及古诗。

11 月前后，其祖母去世，随父返回原籍潜山，入本村学堂读书，读完《五经》，开始学做八股及试律诗。

1907 年（光绪三十三年），12 岁

年初，其父调往江西新淦县任职，全家随至该县三湖镇。张恨水入一“半经半蒙”私馆，读古文。先生姓萧，思想开通，对其影响极大。其课余遍览小说，渐懂作文之法。

二弟朴野、三弟牧野出生，二人孪生。

冬，回南昌。

1908 年（光绪三十四年），13 岁

其父母因事回潜山，留下恨水兄妹托亲戚照料。张恨水写了一篇武侠小说，并自绘插图，为其第一次进行小说创作。

1909 年（宣统元年），14 岁

年初，其父自立家馆课子，先生姓徐，对张恨水影响很大。

秋，入大同小学三年级读书。校长周六平，维新人士，促使张恨水“极力向新的路上走”。然其文学爱好如故，看《西厢》，读《庄子》，“学会了许多腾挪闪跌的文法”。

1910 年（宣统二年），15 岁

7 月，考入甲种农业学校。初次接触数、理、化等课程，困难甚多，忙于应付功课。然假期仍醉心于文学，从《儒林外史》学得讽刺，从林纾所译小说了解了西洋小说的心理描写，对辞章小说《花月痕》中的诗词小品及精彩工整的回目极为喜爱。

是年，剪掉辫子。

小妹张其伟出生。

1911 年（宣统三年），16 岁

仍在原校求学，并向其弟、妹之塾师储先生学做律诗。

1912 年（民国元年），17 岁

原拟出国留学，秋，其父急病于南昌去世，家中经济来源中断，辍学，随全家迁回原籍潜山，靠薄田数亩糊口，与牧童及弟、妹为伴，虚度半年。

1913年（民国2年），18岁

春，应堂兄张东野函邀，只身前往上海，考取孙中山先生所办的蒙藏垦殖学校，赴苏州就学。

偶见《小说月报》征文，写就短篇小说《旧新娘》（文言）及《梅花劫》（白话），平生第一次投稿，获该刊主编恽铁樵回函鼓励。

9月，“二次革命”失败，学校解散，张恨水再度失学，返回乡里。

不久，由家庭包办，被迫与徐文淑完婚。

冬，困居家乡，满腹苦闷，于老书房读书写作，完成其第一部章回体长篇白话小说《青衫泪》。

1914年（民国3年），19岁

春，只身赴南昌求学，进某补习学堂，补习英语和数学。

秋，经济来源中断，前往汉口，投奔做编辑的本家叔叔张犀草，每日为小报补白，署名“恨水”。

12月，堂兄张东野随“文明进化团”至汉口演出，张恨水加入该团，写说明书等宣传品。

1915年（民国4年），20岁

年初，随“文明进化团”至湖南常德，初次登台，参加了《落花梦》的演出。

2月初，随剧团分班到津市演出。

4月，随剧团到湖南丰县。

6月6日，随剧团到上海参加演出，结识了当时任安徽芜湖《皖江报》总编辑的郝耕仁，后二人成莫逆之交。

10月，无钱添衣，病倒，当衣买药。

年底，贫病交加，再返故乡。

1916年（民国5年），21岁

年初，创作兴趣大增，写了两部中篇小说：《未婚妻》和《紫玉成烟》，还写了笔记散文《桂窗零草》。虽受到朋友的称赞，但除《紫玉成烟》后来发表在芜湖《皖江报》外，其余都“未曾进过排字房”。

1917年（民国6年），22岁

春，其族兄在上海吃官司，张恨水受本家之托，赴沪设法营救。

后，从上海至苏州，应李君磐之邀，在苏州参加演出。后随剧团分班到南昌，冬，借资返潜山。

1918年（民国7年），23岁

年初，随郝耕仁一同出游，行至邵伯镇，遇战事，折道上海。后曾写长篇游记《半途记》，此稿遗失，未得发表。

在上海住法租界，撰文投往报馆，多被采用，虽未得稿酬，却已知“投稿入选并非难事”。

秋，离沪返乡。

冬，居家攻读，认真剖析林纾所译外国小说。

1919年（民国8年），24岁

1月，所撰中篇小说《未婚妻》颇得朋友赞赏，于是仿其笔法，又做小说《未婚夫》。

2月，由潜山到芜湖，经郝耕仁举荐，拜见了《皖江报》经理谭明远，被任命为该报总编辑，正式开始记者生涯，其时尚未到24岁生日。

春，早期习作《紫玉成烟》在《皖江报》发表，很得“谬奖”，又撰一部白话长篇言情小说《南国相思谱》，在报上连载。不久，其讽刺小说《真假宝玉》和小说《迷魂游地府记》在上海《民国日报》刊出。

5月4日，震撼全国的五四运动爆发，张恨水“受到了很大刺激”，遂在《皖江报》上办起了介绍五四运动的周刊，宣传一些新文化运动的观点。

5月20日，日本兵在芜湖荷枪实弹，耀武扬威，激起当地人愤怒。当天下午，编辑部20余人在张恨水鼓动下上街游行，被芜湖人称为“爱国义举”。

秋，辞去《皖江报》总编辑职务，只身来到北京，准备报考北京大学。

经王夫三引荐，结识了上海《申报》驻京记者秦墨哂，并在其手下工作。

又经方竞舟介绍，认识了北京《益世报》编辑成舍我，被其推荐兼任《益世报》助理编辑。至此，生活自给有余。

1920年（民国9年），25岁

秋，因故改任天津《益世报》驻京记者。工作之余，潜心学习，练习填词。

冬，进商务印书馆英文函授学校，攻读英文。

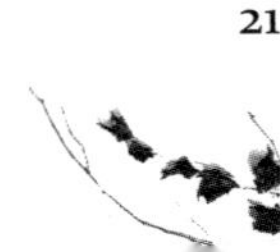

1921年（民国10年），26岁

除原工作外，又兼任了芜湖《工商日报》驻京记者。同时，应邀做长篇小说《皖江潮》，于《皖江报》连载，并被芜湖学生改编为话剧公演，其作品首次搬上舞台。

1922年（民国11年），27岁

工作繁忙，成了“新闻工作的苦力”，无暇再搞文学。

家人已由潜山移居芜湖。张恨水倾其所得赡养家庭，供弟、妹上学。

1923年（民国12年），28岁

2月，返芜湖探亲。

旧职未卸，又担任了秦墨哂、孙剑秋创办的世界通讯社总编辑。

数月后，罢职离去，专门给上海《新闻报》《申报》写通讯。

不久，离开《益世报》，协助成舍我创办联合通讯社，同时兼任北京《今报》编辑，至1924年4月。

1924年（民国13年），29岁

年初，辞去在京担任的所有职务。

4月16日，应成舍我之邀创办《世界晚报》，主编其副刊《夜光》，并应成之约，撰写长篇小说《春明外史》，于即日起在该副刊上连载，直至1929年1月24日载毕，约百万字，是一部以《二十年目睹之怪现状》为蓝本的谴责小说，也是张恨水第一部有影响的作品。

秋，与胡秋霞结婚。后秋霞生子晓水、女慰儿、康儿及张正，1982年去世。

1925年（民国14年），30岁

2月10日，成舍我在北京又创办了《世界日报》，其副刊《明珠》仍由张恨水主编。

夏秋之交，与张友鸾相识，后二人数度合作，成为终生好友。

9～12月，在《世界日报》上连续发表了《新绿长衫》《甚于画眉》等10篇短篇小说，为其发表短篇小说最多的时期。

除小说外，几乎每日均有杂文见报，多因事而发，针砭时弊，如《势利鬼可起而为总长》《官不聊生》《免考入门券》等。

1926年（民国15年），31岁

2月19日起，中篇小说《新斩鬼传》开始在《世界日报》上连载。

5月30日，在《世界日报》上发表《无话可说的五卅纪念》一文，纪念"五卅"。

7～10月，做中篇小说《荆棘山河》《交际明星》，载于《世界日报》副刊。

10月，与《世界日报》新编辑左笑鸿相识，此后二人多次合作，成为挚友。

张学良将军颇为欣赏《春明外史》，是年曾造访张宅，从此二人建立了联系与友谊。

家人由芜湖移居北京。

1927年（民国16年），32岁

2月14日，长篇小说《金粉世家》开始在《世界日报》副刊连载，风行一时，至1932年载毕，历时五年，约百万言，为其又一代表作，奠定了他在小说创作界的地位。

4月22日，在《世界日报》上发表《有感于上海小报》一文，阐明了对上海小报的看法。

10月，成舍我去英国，其夫人杨（王番）提名张恨水继任《世界日报》总编辑一职。

年底，因极度劳累却不能按时领工资及心情不快等原因，突然病倒，其职由左笑鸿接替。

1928年（民国17年），33岁

5月3日，发生“济南惨案”，全国激愤。张恨水主编的报纸副刊，接连发表数篇杂文，对日寇暴行进行谴责和声讨。

6月5日，在《世界日报》发表学术论文《长篇与短篇》。

6月20日，在同报发表另一学术论文《短篇之起法》。

7月2日，短篇小说《张碧娥》于北平《益世报》发表，作品表现了打富济贫、反抗强暴的侠义精神。

8月，张学良将军决定创办沈阳《新民晚报》，函邀张恨水为之写一部类似《春明外史》的长篇小说。

9月，应张学良之邀撰《春明新史》，开始在沈阳《新民晚报》连载。同时，《青春之花》《天上人间》《剑胆琴心》也陆续在北平的《益世报》《新晨报》上刊出，加上未写完的《金粉世家》《春明外史》，共计六部长篇，同时撰写。

长子晓水出生。

1929年（民国18年），34岁

1月25日，在《世界晚报》上发表短篇小说《战地斜阳》，揭露军阀混战给人民带来的苦难。

5月，上海新闻记者团到北平，经钱芥尘介绍，与严独鹤相识。严约其为上海《新闻报》写长篇小说。

7月9日，在《世界日报》发表《〈玉梨魂〉价值坠落之原因》一文，首次阐明对鸳鸯蝴蝶派之“骄子”《玉梨魂》的看法。

8月，前往沈阳拜访张学良将军，返平途中撰《〈春明外史〉续序》。

12月31日，《世界日报》因触怒了军阀阎锡山，被勒令停刊。

1930年（民国19年），35岁

1月13日，《世界日报》复刊，发表张恨水所写社论《本报复刊的意义》，曲折地表达了他对当局迫害新闻业的不满情绪。

2月，辞去《世界晚报》《世界日报》副刊主编职务，离开了工作长达七年之久的报社。

3月17日，长篇小说《啼笑因缘》开始在上海《新闻报》副刊《快活林》连载，同年11月30日载毕，同年12月由上海三友书社出版单行本。该作在社会上引起很大反响，后被多次改编为电影、戏剧等。曾有两公司为取得电影摄制权大打官司。

4月24日，于《世界日报》上发表《告别朋友们》一文，阐明辞去二报职务的原因，表现出对资方的不满，并表示要专门从事创作。

秋，到上海，结识了世界书局总经理沈知方，签订了《春明外史》及《金粉世家》的出版合同，并约定再为该书局写四部长篇小说，后来实际完成三部，即《满江红》《落霞孤鹜》《美人恩》。

在沪期间，邀挚友郝耕仁同游杭州。

返回北平后，租了宅院，专心从事写作。

1931年（民国20年），36岁

1月27日，开始在《上海画报》连载《我的小说过程》一文，至2月12日载完，为其最早发表的自传体文字。

2月10日，《小说考微》开始在北平《晨报》发表，至同年8月25日结束，是一篇有价值的学术论文。

上半年，以稿费收入创办了北平华北美术专门学校。

9月18日，东三省沦陷，张恨水把正在上海《新闻报》连载的长篇小说《太平花》增加了抗战内容，以示内心激愤。这是他所写第一部带有抗日色彩的作品，也是其“国难小说”的开端。

是年，与北平春明女中学生周淑云结婚，婚后为其改名周南。周南生有子二水、张全、张伍、张同及女明明、蓉蓉，1959年去世。

1932年（民国21年），37岁

埋头于小说创作，除上述六部长篇外，又开始撰写《锦片前程》《水浒别传》，分别发表于上海《晶报》及北平《新晨报》。同时，为鼓吹抗日，仅用26天时间，写了三篇小说：《九月十八》《一月二十八》《仇敌夫妻》；一个剧本：《热血之花》；一组笔记和二组诗：《健儿诗七首》《咏史诗四首》。这些作品辑为《弯弓集》，引起日方注意，为此，“他们曾向在北平的张学良提过抗议”。

夏，北平流行猩红热，女儿慰儿、康儿均死于疫中。他坚持写完《金粉世家》结尾。

次子二水出生。

1933年（民国22年），38岁

1月3日，日寇占领山海关，后，继续进攻关内。为避战乱，举家迁至安徽安庆。月底只身到上海，于上海《新闻报》发表一文《上海人已经觉醒了吗？》，号召团结对敌。

2月，在友人劝说下，完成《啼笑因缘》续集。

夏，由沪返平，居“北华美专”，边教书，边创作，并随许翔阶先生学山水画。

秋，家人自安庆返回北平。

1934年（民国23年），39岁

5月16日，由北平出发，游历西北。后将所见所闻写了两部长篇小说：《燕归来》《小西天》，分别发表于上海《新闻报》及《申报》。

夏，至上海洽谈稿件，事毕到庐山避暑。

秋，由沪返平，居“北华美专”，潜心著书。

三子张全出生。

1935年（民国24年），40岁

9月上旬，到上海，应成舍我之邀协助其创办上海《立报》，约期三个月。

9月20日，《立报》创刊。张恨水任副刊《花果山》主编，并为其撰长篇小说《艺术之宫》，逐日连载。

年底，约期已至，然因冀东出现伪政权，张恨水被列入黑名单，故不得返平。

1936年（民国25年），41岁

到南京。出资与张友鸾合创《南京人报》。此为其一生唯一自己出资办报之经历。他自任社长，并兼副刊《南华经》主编，张友鸾任经理兼总编。

4月8日，《南京人报》正式出版。张恨水于《南华经》上同时开始连载两部新作：《鼓角声中》及《中原豪侠传》。报纸首发日销售1万5千份。

全家由北平迁到南京。

1937年（民国26年），42岁

春，四子张伍出生。

卢沟桥事变后，南京笼罩战争阴云，《南京人报》销量大为减少，办报困难重重，但得到报社同人支持。

10月，因劳累过度而病倒。

11月，前往芜湖就医，月底与家眷于安庆会合，尔后暂居潜山。

12月初，南京陷落前四五日，《南京人报》被迫停刊。

12月底，只身乘船到汉口，欲与三弟牧野等去打游击，但遭到国民政府第六部的严词拒绝。

中华全国文艺界抗敌协会在汉口成立，张恨水被推选为第一任理事。

1938年（民国27年），43岁

1月10日，到重庆，经张友鸾介绍，结识了当时即将复刊的重庆《新民报》总经理陈铭德，并被聘为该报主笔，兼副刊主编。

1月15日，该报复刊。张恨水在其主编的副刊《最后关头》上，发表了根据自己在汉口“请缨无路”而撰写的长篇小说《疯狂》。

2月24日，于《最后关头》发表《怒吼吧，八路军！》表达了对八路军的殷切希望。

是年，还撰有《冲锋》《征途》《游击队》《桃花港》五部长篇小说。

周南携子张全、张伍到达重庆。

1939年（民国28年），44岁

3月，在抗敌文协会刊《抗战文艺》三卷八期上发表杂文《无法安贫，焉能知命》。

6月12日，“平江惨案”发生，张恨水写一挽联，《新华日报》次日刊出。

12月1日，长篇小说《八十一梦》开始在重庆《新民报》连载，至1941年4月25日载毕。大受读者欢迎，也引起国民党特务的注意，无奈草草收尾。

是年还撰有《蜀道难》《秦淮世家》《潜山血》等长篇小说，以及一些针砭时弊的诗词。其中有的直接抨击了四大家族的骄奢淫逸，一时成为美谈。

1940年（民国29年），45岁

2月11日，长篇小说《水浒新传》开始在上海《新闻报》连载，受到读者欢迎，后得到毛泽东同志肯定。

是年，全家移居重庆市郊南温泉桃子沟，住“文协”的三间草房。

写作之余，也与农民、小贩、教员“摆龙门阵”，谈家常。这段生活在他以后的作品中有明显反映。

长女明明出生。

1941 年（民国 30 年），46 岁

5 月 2 日，长篇小说《牛马走》开始在重庆《新民报》连载。该作出单行本时，易名为《魍魉世界》。

10 月 9 日，《最后关头》“奉命放弃”。

12 月 1 日，又办新专栏《上下古今谈》，比较隐晦地讽喻了当时社会的黑暗，受到读者欢迎。

1942 年（民国 31 年），47 岁

7 月 21 日，在重庆《新民报》发表《中国民族素质不弱》一文，驳斥了认为中国民族素质弱的论调。

10 月 21 日，《有钱派钱，有力派力》一文在重庆《新民报》上发表。文章指责了国民党借抗战为名，竭力压榨穷人的行径。

秋，抗日战争进入相持阶段，重庆《新民报》进步人士邀请周恩来同志作形势分析。周恩来同志分析了抗战时局，解答了各种问题，并对张恨水的《八十一梦》给予热情的肯定。

是年，曾几次应邀，到四川教育学院、重庆大学及某些专科学校作关于小说创作的专题讲座。

1943 年（民国 32 年），48 岁

1 月 5 日，在重庆《新民报》副刊发表《郭沫若、洪深都五十了》一文，为二人贺寿。

4 月 16 日,“文协”召开成立六周年纪念会，张恨水应邀参加。

10 月 25 日，在重庆《新民报》发表《当心南京群奸逃跑》一文，预料抗战即将胜利，提醒国人要注意那些卖国求荣的汉奸们“搜刮买命钱以扰伤祖国”，认为“最好是不让他们跑了，以便将来捉到他们，由公民大会来处决”。

是年，除原工作外，又兼任了重庆《新民报》经理。为适应形势发展，与张友鸾共同提出“居中偏左，遇礁即避”的办报方针。

次女蓉蓉出生。

1944 年（民国 33 年），49 岁

5 月 18 日(农历四月二十四日)，张恨水五十寿辰。抗敌文协、新闻协会、《新民报》社等单位联合发起为其祝寿活动。张恨水推辞无效，避寿南温泉。当天，重庆《新华日报》等报刊，潘梓年、老舍、罗承烈、邓悸惺等人都撰文祝贺，共几十篇之多。

5 月 20 ~ 22 日，重庆《新民报》发表张恨水的《总答谢》一文，对友人盛情表示感谢，同时，对自己的创作情况做了自我评述，阐明了自己的创作与“鸳鸯蝴蝶派”作品的主要区别。

6 月，重庆《新民报》主笔赵超构随中外记者团访问延安。毛泽东在接见记者团时，特向赵超构询问张恨水近况，并希望他有机会来延安看看。

11 月，辞去重庆《新民报》经理职务。

1945 年（民国 34 年），50 岁

3 月，所撰《茅屋诗存》，开始在《新华日报》刊登。

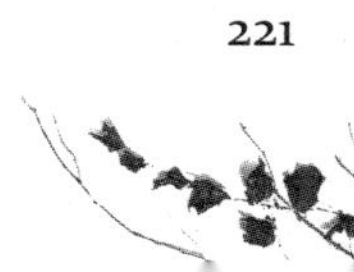

6月24日，在重庆《新民报》发表《一段旅途见闻》，祝贺茅盾五十诞辰。

8月14日，日寇宣布无条件投降。

8月28日，毛泽东率中共代表团飞抵重庆，与国民党进行和平谈判，在渝期间，曾单独接见张恨水。

9月2日，日本政府正式签订投降书。国民党政府向1000多人颁发了“抗战胜利”勋章，张恨水也在其列。

12月3日，在重庆《新民报》发表《告别重庆》一文，辞去该报职务，准备离渝返平。

12月4日，携周南、张全、张伍、张明明、张蓉蓉及侄张文，乘坐报社包租的带篷卡车离开重庆。同行还有秦怡、吕恩等文艺界人士。16日到衡阳改乘铁篷简易火车抵汉口。

1946年（民国35年），51岁

1月5日，乘江亚轮到南京。把《南京人报》交给张友鸾，自己应陈铭德之邀，准备前往北平创办北平《新民报》。尔后，携全家去安庆看望久别的母亲及亲人。

2月15日，只身由安庆到达北平。不久，由马彦祥介绍与徐冰取得联系，并经二人介绍到“军事调解处执行部”拜见了叶剑英。

4月4日，北平《新民报》创刊。张恨水任经理兼副刊《北海》主编。

同日，老舍的回忆录《八方风雨》、茅盾的中篇小说《生活之一页》，开始在该报连载。

同月，“军事调解处执行部”中共代表团举行酒会，招待中外记者。张恨水率《新民报》全体编辑人员参加，并一一向叶剑英做了介绍。

5月上旬，“北平文学艺术界联合会”于中山公园水榭正式成立，大会选举张恨水为主任理事，马彦祥为秘书长，戏剧家齐如山为监事长，并商定5月4日为文艺节。

不久，张恨水又被推举为北平“新闻记者公会”的常务理事。

7月，内战全面爆发。国民党在各城市加紧对新闻的控制。因北平《新民报》有左倾言论，张恨水怕报社被封，多次提醒马彦祥、方奈何等人撰稿要“格外小心”。

12月，北平《新民报》为救济灾民，举办书画义卖。张恨水等在名画家吴伯康的画上补笔合作，义卖大获成功。

年底至次年3月，周南及其子女陆续来到北平。

1947年（民国36年），52岁

春，北平新闻界借新新剧场举行联欢会。在《法门寺》一戏中，张恨水扮演校尉。

3月19日，国民党军队占领延安，同时，当局对新闻界的统治更加严酷。《新民报》在重庆、成都、南京的报社先后被封。

5月20日，北平学生举行反内战、反饥饿的示威游行。当晚，国民党北平市党部头目吴铸人亲自坐镇北平《新民报》社，命令只许刊登被歪曲了的中央社消息。面对现实，张恨水电话通知当时任该报总编辑的方奈何，认为局势严重，要谨慎处理。该报对事实真相做了一定程度的报道。

8月17日，长篇小说《五子登科》开始在北平《新民报》上连载。作品以日本投降后国统区的黑暗现实为背景，深刻揭露了

国民党接收大员们的贪婪无耻、荒淫腐败。

是年，除《五子登科》外，还撰有中、长篇小说《雾中花》《一路福星》《岁寒三友》《雨霖铃》。但因社会动乱，除《雾中花》外，其余均未完稿。

1948 年（民国 37 年），53 岁

6 月，北平《新民报》接到国民党内政部批示：因其副刊《天桥》常有“反动言论”，勒令社方必须解聘该版主编马彦祥，否则立即查封。张恨水急找马彦祥商议，次日，马彦祥被迫辞职。

7 月下旬，我地下党送马彦祥前往石家庄参加“华北人民代表大会”，张恨水设宴为其饯行。

秋，因报社内部权力之争，张恨水辞去《新民报》所有职务，至此，结束了他从事 30 年的新闻记者生涯。

三女张正出生。

1949 年（民国 38 年），54 岁

1 月 1 日，所撰《写作生涯回忆》开始在北平《新民报》连载，至 2 月 15 日刊完。这是他回忆自己生活和创作的一份最详细的资料。

31 日，北平宣布和平解放。

2 月 1 日，人民解放军进驻北平，一部分解放军战士暂住张恨水家，受到热情接待。

3 月 1 日，北平《新民报》注销《本报职工会重要启事》，主要内容有三点：

（一）宣布该报职工会正式成立。

（二）宣布该报与陈铭德完全脱离关系。

（三）解除经理、代经理张恨水和曹仲英的一切职务。

3月2～4日，《新民报》发表了其新总编辑王达仁的《北平新民报在国特统治下被迫害的一页》一文，分七部分，列举了不少事实，认为张恨水是国民党特务迫害北平《新民报》的帮凶。行文尖刻，对张恨水刺激很大。

3月，应邀参加了我党在北京饭店为各界知名人士举办的宴会，聆听了叶剑英的讲话，对党的文艺政策有了初步了解。

不久，应中央人民广播电台邀请，对当时国民党昆明绥靖公署主任余程万发表了以《走向人民方面去》为题的广播讲话，敦促其弃暗投明。

6月，因高血压病突然发作，半身不遂。

7月2日，中华全国文学艺术工作者代表大会于北平开幕。毛泽东、周恩来、朱德等中央领导同志亲临大会，作了重要指示。会议产生了全国文联。张恨水被邀请参加大会，但因病未能出席，会后，周总理派人专程看望他，送去了大会文件，并聘其为文化部顾问。

同月，加入中国作家协会。

9月，病情略有好转。

12月，开始提笔练习书法。

五子张同出生。

1950年，55岁

4月，身体逐渐恢复，开始练习写作。

同月，北京市召开文学艺术工作者代表大会筹委会。张恨水

应邀参加。

5月18日，北京市文学艺术工作者代表大会召开。会议由李伯钊主持，到会代表300多人，张恨水作为正式代表参加了会议。

11月25日，在《北京文学工作者宣言》上签名，支持抗美援朝。

1951年，56岁

春末，卖掉旧宅，迁居砖塔胡同43号小院。

深居简出，在家养病。

1952年，57岁

5月31日，参加北京文联召开的“通俗小说座谈会”。

7月，参加市文联组织的约稿会议，表示要写一部“关于陈胜、吴广”的书，但未能成文。

10月，正式参加了由市文联组织、联络部领导的“小说组”活动，直到1955年春“小说组”解散。他一直坚持准时到会，但发言不多。

1953年，58岁

年初，正式恢复写作。写了一组《冬日竹枝词》，歌颂新社会的日新月异，发表于1954年二三月间的香港《大公报》。

3月，为把历史故事《梁山伯与祝英台》改编成小说，开始收集、研究有关资料。

8月，开始撰写长篇小说《梁山伯与祝英台》。

10月，完成《梁山伯与祝英台》初稿，又进行反复修改。

1954年，59岁

1月1日,《梁山伯与祝英台》开始在香港《大公报》上连载，至同年5月3日载毕。这是他新中国成立后发表的第一部长篇小说。前后共连续写了《秋江》《白蛇传》《孔雀东南飞》等13部中、长篇小说。

春，应中国新闻社之邀，准备写一组反映北京新中国成立后巨大变化的散文。经过两个月的努力完稿。不久，陆续在海外报刊发表。

10月，北京第二次文代会在中山公园中山堂召开，张恨水以代表身份参加了会议。

冬，北京市举行戏剧观摩大会，张恨水每天按时前往观看。

1955年，60岁

夏，只身南游，回到阔别10年的故土。一周后，经南京、上海、济南返回北京。后写中篇游记《南游杂志》，发表于香港《大公报》。

1956年，61岁

1月，列席全国政协二届二次全会，见到了毛主席。

会议期间，周总理多次询问他的生活情况。

4月，在《北京文艺》上发表散文《春游颐和园》。

春末夏初，全国文联组织了一批作家、艺术家到西北参观旅行。张恨水应邀参加，返京后，写游记《西北行》，刊于上海《新闻报》。

是年，还写了一组散文《街头漫步》，讴歌新社会。由中国新闻社发往海外，在一家爱国华侨报纸上发表。

1957年，62岁

2月，列席最高国务会议第二次扩大会议。27日，聆听了毛泽东《关于正确处理人民内部矛盾》的讲话。

春，北京市文联在北海庆霄楼召开筹备出版《大众文艺》的会议。张恨水参加并作了“关于如何写通俗文艺”的发言。

不久，参加发起组织“中国韵文学会”。此学会只开过一次会，便销声匿迹。

10月，所撰《章回小说的变迁》一文，发表于《北京文艺》10月号“文艺知识讲座”专栏。

10月26日，长篇小说《记者外传》开始在上海《新闻报》连载，此作只完成上半部。

12月19日，参加由《文艺报》组织的“老舍作品《茶馆》座谈会”，并作了长篇发言，认为《茶馆》第一幕写得好，是个很好的长篇小说材料。

是年，北京曲剧团魏喜奎改编的曲剧《啼笑因缘》上演。张恨水应邀观看，并将自己的报酬全部捐给剧团。

1958年，63岁

8月，在全国文联组织下，与其他文协会员一起游览了西山。是年主要在家休养。

1959年，64岁

2月，写有一组诗，题为《潜山春节》，抒发了对故乡的怀念。

9 月，收到由周总理签名的聘书，成为中央文史馆馆员。每周三、六准时到馆参加活动。

10 月 14 日，周南因癌症去世。张恨水悲痛万分，常夜不能寐。写有悼亡诗一组，以寄托哀思。

1960 年，65 岁

7 月 20 日，参加在北京召开的第三次文代会。

12 月，写《元旦示儿》诗一首，鼓励子女发奋读书，教育他们尊长爱国。

1961 年，66 岁

是年，除文史馆工作外，张恨水的生活主要是：

1. 常和其他馆员“谈诗论史，捉棋挥毫，依廊清谈，促膝品茗”。

2. 闭门读书。想在暮年读完 2000 多本的《四部备要》，并注意研究太平天国史料，研究巴尔扎克、契诃夫、马克 · 吐温等外国著名作家的作品。

3. 和一些老朋友经常来往，主要有左笑鸿、张友鸾、万枚子等。其间，章士钊曾把 40 年代自己阅读《水浒新传》后所写的一首诗，抄成条幅赠给了张恨水。

1962 年，67 岁

夏初，中央新闻电影制片厂拍摄专题纪录片《老人的青春》，反映文史馆老人们的学习、工作情况，其中有张恨水伏案写作的镜头。

8 月，旧病复发，住进阜外医院。出院后，健康情况明显恶化，从此成为医院的常客。

1963 年，68 岁

秋，长女明明赴苏州实习，张恨水托她问候早年朋友周瘦鹃。

为孙辈起名：张前、张进。

应中央文史馆之约，写长篇自传《我的生活与创作》。此文原拟收入本年政协《文史资料》，因“四清”运动开始而作罢。粉碎“四人帮”后，收入 1980 年《文史资料》第七期。

1964 年，69 岁

为贺张恨水七十寿辰，陈铭德等人在北京四川饭店为他祝寿。

1965 年，70 岁

因病情加重，深居简出。握笔已很困难，主要攻读《四部备要》。

1966 年，71 岁

由于有关部门的保护和街道主任的帮助，免遭冲击。

1967 年，72 岁

农历正月初七，晨，因脑溢血发作与世长辞。